"Me considero un amigo y compañero de Craig Miller en el viaje en el que Dios nos ha dirigido a cada uno en el ministerio de la sanidad. En este libro, Craig revela el secreto de la sanidad y la libertad: eliminar los obstáculos y bloqueos en nuestro corazón, ser abiertos aquí en la tierra, y ser amados por el Novio Jesús, su Padre y el Espíritu Santo. Le doy gracias a Dios por enviar a Craig a mi vida como un compañero y maestro espiritual".

—*Fr. Jim Curtin*
Pastor de St. Dennis Catholic Church
Lockport, IL

"*Derriba las barreras emocionales que impiden la sanidad* se construye sobre el libro que Craig Miller escribió en colaboración con Randy Clark, *Finding Victory When Healing Doesn't Happen* (Encuentra la victoria cuando no se produce la sanidad). En este libro, Craig comparte muchos testimonios de personas que han sido sanadas de enfermedades crónicas. Craig ha descubierto que la clave para la sanidad física es la liberación de las emociones contenidas que se producen como resultado del trauma. Jesús nos restaura en espíritu, alma y cuerpo. Jesús sana nuestra alma y nuestro cuerpo. Craig tiene una maestría en trabajo social. Su experiencia en la práctica privada y en su trabajo en hospitales añade niveles de sabiduría profunda. Las herramientas en este libro exponen y eliminan las raíces emocionales de las enfermedades médicas. Hay perlas de sabiduría para todos, pero especialmente para los que oran por sanidad y para quienes tienen que luchar por mantener su sanidad".

—*Dr. David Zaritzky*
Líder de Healing Ministry Grace Church, High Point, NC

"Los conocimientos de Craig Miller en el campo de la sanidad emocional solo los supera su compasión. Su nuevo libro nos da permiso para hacer preguntas que no habíamos hecho hasta ahora. El libro es un bosquejo para la restauración de una mente sana, así como la sanidad de esas cicatrices físicas y mentales que obstaculizan la libertad que Cristo vino a darnos. Me asombra la simplicidad con la que Craig ha escrito sobre un tema tan complejo. El libro de Craig, aunque está basado tanto en datos científicos como también empíricos, se mantiene firme sobre una teología práctica que ve la sanidad de la persona en su totalidad".

—*Pastor Scott Caesar*
Fundador/Pastor de hombres de Men's Discipleship Network
mensdiscipleshipnerwork.com

"*Derriba las barreras emocionales que impiden la sanidad* presenta un enfoque práctico y lleno de fe que permite que los cristianos actúen con el poder del Espíritu Santo para ser libres de la aflicción emocional, física y espiritual. Los casi cuarenta y cinco años de experiencia en consejería clínica y pastoral de Craig aportan un tesoro de herramientas para que los cristianos experimenten de primera mano el poder de sanidad perfecto de Jesucristo. Este es un libro de lectura obligada para toda persona que quiera eliminar las ataduras y las limitaciones en su vida, y también en las vidas de quienes le rodean".

—Rev. Joanne Moody
Oradora internacional, autora, sanadora
Agapefreedomfighters.org

"Craig Miller ha creado una herramienta poderosa y práctica para ayudar a quienes creen en el poder de Dios para sanar la enfermedad física explorando las raíces de muchas enfermedades, dolores y aflicción física aparentemente 'incurables'. Su investigación y experiencia como terapeuta y orador dan luz a esta guía que todo aquel que ora por los enfermos querrá añadir a su caja de recursos".

—Dr. Mike Hutchings
Director de Global School of Supernatural Ministry y
Global Certification Programs
Fundador de God Heals PTSD Foundation
Autor de *Soul Restoration: Healing the Wounds of Life and War*

DERRIBA LAS BARRERAS EMOCIONALES QUE IMPIDEN LA SANIDAD

LA CONEXIÓN MENTE-CUERPO DE TU ENFERMEDAD

CRAIG A. MILLER

WHITAKER HOUSE Español

A menos que se indique lo contrario, todas las citas de la Escritura han sido tomadas de la *Santa Biblia, Versión Reina-Valera 1960*, rvr, © 1960 por las Sociedades Bíblicas en América Latina; © renovado 1988 por las Sociedades Bíblicas Unidas. Usadas con permiso. Todos los derechos reservados. Las citas de la Escritura marcadas (nvi) son tomadas de la *Santa Biblia, Nueva Versión Internacional*®, nvi®, © 1999 por la Sociedad Bíblica Internacional. Usadas con permiso. Reservados todos los derechos.

Este libro no tiene la intención de proveer consejos médicos ni reemplazar los consejos médicos y tratamiento de su médico personal. Se recomienda a los lectores que consulten a sus propios médicos u otros profesionales de la salud calificados con respecto al tratamiento de sus problemas médicos. Ni la casa editorial ni el autor asumen responsabilidad por las posibles consecuencias de cualquier tratamiento, acción o aplicación de medicina, suplemento, hierba o preparación a cualquier persona que lea o siga la información de este libro. Si los lectores están tomando medicamentos recetados, deben consultar con sus médicos y no dejar de tomar los medicamentos para comenzar suplementos sin la supervisión adecuada de un médico.

Traducido por:
Belmonte Traductores
Manuel de Falla, 2
28300 Aranjuez
Madrid, ESPAÑA
www.belmontetraductores.com

Editado por: Ofelia Pérez

Derriba las barreras emocionales que impiden la sanidad
La conexión mente-cuerpo de tu enfermedad
Insightsfromtheheart.com
talkwithcraig@juno.com

ISBN: 978-1-64123-811-3
eBook ISBN: 978-1-64123-812-0
Impreso en los Estados Unidos de América.
© 2021 por Craig Miller

Whitaker House
1030 Hunt Valley Circle
New Kensington, PA 15068
www.whitakerhouse.com

Por favor envíe sugerencias sobre este libro a: comentarios@whitakerhouse.com.

Ninguna parte de este libro puede ser reproducida o transmitida de ninguna manera o por ningún medio, electrónico o mecánico —fotocopiado, grabado, o por ningún sistema de almacenamiento y recuperación (o reproducción) de información— sin permiso por escrito de la casa editorial. Por favor para cualquier pregunta dirigirse a: permissionseditor@whitakerhouse.com.

1 2 3 4 5 6 7 8 9 10 11 ⊔⊔ 28 27 26 25 24 23 22 21

ÍNDICE

Prólogo..9

PARTE I: ENTENDER LAS CONEXIONES MENTE/CUERPO DE LA ENFERMEDAD

1. Cómo influye el trauma en la mente y el cuerpo............ 13
2. Qué sucede cuando hay un trauma emocional 22
3. Las emociones reprimidas están vinculadas a las enfermedades mente-cuerpo 31
4. Conexiones emocionales con la enfermedad física 38
5. Conexiones emocionales con la enfermedad mental...... 47
6. Cuando no hay razón alguna para la enfermedad o el problema 60
7. Espíritu, alma, cuerpo y sanidad 66
8. ¿Por qué es difícil creer en tu autoridad para sanar? 73

PARTE II: USAR LAS CONEXIONES MENTE/CUERPO PARA LA SANIDAD

9. Ora por sanidad con poder y autoridad............................85
10. Pasos para la oración de sanidad 90
11. Consejos prácticos para llegar a la sanidad 113
    - Qué hacer cuando alguien no puede recordar memorias del pasado 113

- Qué hacer cuando alguien no puede identificar o expresar sentimientos 115
- Qué hacer cuando alguien no está listo para perdonar 118
- Qué hacer cuando alguien no puede soltar la ira, el dolor o el resentimiento 120
- Qué hacer cuando no se quiere a Jesús en el proceso de sanidad 121
- Ayudar a la persona afligida a sentirse segura 123
- Ayudar a la persona afligida a confiar en Jesús 124
- Qué hacer cuando la sanidad se produce por capas 126
- Trauma de la violencia doméstica incomprendida 129
- Otras barreras que pueden bloquear la sanidad 131

12. Amplía tu búsqueda cuando la sanidad no se produce 133

13. ¡Las oraciones de sanidad pueden funcionar también para ti! 143

14. Cómo mantener tu sanidad 151

15. Conexión emocional sugerida para los problemas de la mente y el cuerpo 154

Apéndice: Pasos para oraciones de sanidad unión de los pasos 193

Resumen de los pasos para la oración de sanidad para fotocopiar fácilmente 195

Acerca del autor 208

PRÓLOGO

¿Alguna vez has orado por la sanidad de alguien, pero después no pasó nada o hubo tan solo una mínima mejoría? Después de haber acumulado la valentía necesaria para orar por la sanidad de alguien es fácil perder el atrevimiento cuando nada ocurre como resultado, especialmente si no sabes qué hacer cuando la sanidad no se produce. Este es un tema importante sobre el que Craig y yo escribimos como coautores del libro *Finding Victory When Healing Doesn't Happen* (Encuentra la victoria cuando no se produce la sanidad), donde tratamos algunos temas importantes con respecto a cuando no se produce sanidad después de orar. Hemos seguido viendo un aumento de personas interesadas en recibir más información sobre avances en la sanidad.

Estoy muy emocionado con tres libros que hablan de la sanidad física y emocional, libros que siento que van a ser herramientas valiosas para las personas que trabajan con los que sufren y a quienes les ministran. Estos tres libros son: *Soul Pain Revealed: The Mystery of Mental llness* (Revelación del dolor del alma), de la Dra. Julie Caton; *Soul Restoration: Healing the Wounds of Life and War* (Restauración del alma), que es un próximo libro de Mike Hutchings; y este libro, *Derriba las barreras emocionales que impiden la sanidad*.

La experiencia de Craig como terapeuta cristiano de salud mental, y su pasión por ver a las personas libres cuando la sanidad no se produce, lo ha impulsado a seguir escribiendo sobre este tema. *Derriba las barreras emocionales que impiden la sanidad* nos da más conocimiento sobre cómo el trauma físico, emocional y de memoria celular puede bloquear el proceso de sanidad e interrumpir las conexiones entre espíritu, alma y cuerpo. Incluye oraciones para identificar y liberar problemas emocionales que interfieren directamente en la sanidad y la restauración de la mente y el cuerpo. Es también un manual para varios problemas que pueden producirse durante la oración, como qué hacer cuando una persona no está lista para perdonar, cuando no quiere soltar la ira, cuando no confía en Jesús para su sanidad, cuando no es capaz de usar la autoridad y el poder de Dios al orar, y muchos más. Al final del libro hay una lista de enfermedades médicas específicas y las raíces emocionales subyacentes relacionadas con cada una de ellas.

La sanidad interior es una forma de atravesar el proceso de santificación y convertirnos en lo que Dios dice que somos: personas libres y perdonadas. La sanidad interior se puede producir de maneras distintas, y creo que es importante que todos aprendan a orar por los enfermos y que sepan qué hacer cuando nada o muy poco cambia después de haber orado. Por lo general, las personas no saben qué hacer cuando no se produce la sanidad, por tanto, el libro de Craig aporta más consciencia sobre el asunto de identificar y liberar las raíces para que haya un avance en la sanidad.

—*Randy Clark, Dr. Min.*
Supervisor de Apostolic Network of Global Awakening
Fundador de Global Awakening

PARTE I

ENTENDER LAS CONEXIONES MENTE/CUERPO DE LA ENFERMEDAD

1

CÓMO INFLUYE EL TRAUMA EN LA MENTE Y EL CUERPO

Mientras mi esposa y yo ministrábamos en una conferencia de sanidad, una mujer de treinta y un años llamada Julie nos pidió que oráramos por ella. La mayor parte de su vida la había vivido con el dolor del síndrome de intestino irritable, graves problemas en un pie, confusión, mareos y cansancio extremo. En los últimos quince años se había quejado de problemas de espalda debido a una escoliosis, dolor de cuello, costillas desplazadas, mala circulación en las piernas, hueso pélvico desalineado y tensión corporal. En los dos últimos años también había padecido dolores de cabeza, dolor de útero y fatiga adrenal. Años de tratamientos médicos habían producido un resultado muy pobre o nulo a manos de doctores que no eran capaces de encontrar respuestas. Siendo ella misma ministra de oración, aunque tenía mucha fe y le encantaba ver a otros sanar, no había sido capaz de recibir su propia sanidad total. Aunque sabía que Dios la amaba, también sabía que no tenía sentido que ella viviera de ese modo y que sus oraciones no tuvieran respuesta. Julie nos dijo que, con tantas restricciones médicas y problemas de salud, su vida nunca había sido "normal". La cantidad de dolor emocional, tristeza, estrés y temor que cargaba en su interior hacía difícil que ella fuera fuerte para su propia familia.

Mientras la escuchaba, mi corazón se dolía al oír sobre sus años de sufrimiento emocional y físico. Nunca parece tener sentido por qué las personas deben continuar en angustia, especialmente cuando oran a un Padre celestial amoroso y misericordioso y, sin embargo, no reciben sanidad. Pero también sé que ella había tenido muchas capas de traumas emocionales no resueltos y creencias insanas que estaban entre las causas de sus incesantes síntomas. Le pregunté si estaba lista para volver a visitar las heridas emocionales pasadas de su corazón y de su mente que la afectaban inconscientemente. Dijo que ya había hecho algo de sanidad interior y no estaba segura de qué más hacer. Le dije que su continuo sufrimiento con dolor y las enfermedades físicas eran evidencia de más capas de trauma emocional que había que revelar y liberar. Ella estuvo abierta a permitirnos orar por su problema.

Cuando oramos juntos, Dios reveló dolor infligido por varios familiares y la conexión emocional que aún tenía con esas situaciones. Dios comenzó con una imagen del vientre de su madre, tiempos de rechazo de sus padres, y los subsecuentes sentimientos de desaprobación, indignidad, temor, confusión, vergüenza y abandono que fueron el resultado de años de abuso y negligencia. Cada vez que Dios revelaba un trauma, Julie era capaz de liberar las emociones relacionadas con ese trauma. Como resultado, el dolor de una parte del cuerpo asociada con cada emoción expresada comenzó a disminuir, hasta que desapareció todo su dolor. (La relación entre el cuerpo y las emociones será algo que explicaremos con más detalle después). Cuando le pedimos a Dios que restaurara el amor, la vida, la paz, el significado y la identidad que no había recibido de sus padres, áreas de su cuerpo literalmente comenzaron a moverse y mejorar ante nuestros propios ojos. Cuando terminamos de orar, Julie fue capaz de irse caminando, ¡totalmente libre de síntomas! Pudo dormir toda la noche, no sintió dolor ni temor, experimentó claridad de pensamiento, se sentía con energías, tenía las funciones corporales normalizadas, creía en ella misma, y comenzó a disfrutar de la vida de formas que no había podido hacer durante la mayor parte de su vida.

He escuchado acerca de muchas historias como la de Julie, historias sobre personas que han tenido dolor durante un tiempo, por un problema emocional o físico. Tras muchos intentos infructuosos de sanidad es fácil desanimarte y preguntarte qué sucede contigo o con tu fe. Con el tiempo, entras en una espiral descendente en la que te preguntas si Dios quiere que te sanes, o si estás destinado a vivir así para siempre. Estos pensamientos y sentimientos son comunes porque no puedes encontrar sentido a tu falta de sanidad, especialmente cuando oyes mensajes sobre lo mucho que Dios te ama y quiere que seas sanado. Con el tiempo, llegas a creer que la única opción disponible es desarrollar una nueva forma de vivir con tu dolorosa situación, o comenzarás a cerrarte para meramente sobrevivir en una vida llena de angustia. Eso permite que aumente el desánimo, que produce síntomas adicionales no deseados y distorsiona la verdad de que Dios *sí* quiere que seas sanado.

Creo que Dios puede sanar a cualquier persona, en cualquier momento, en cualquier lugar, y que Él creó tu cuerpo y tu mente para que funcionen de forma natural hacia la sanidad. Por lo tanto, la pregunta que oigo a menudo es: "Si Dios quiere que yo esté bien, ¿por qué batallo para recibir sanidad, o por qué la pierdo en cuanto la recibo?".

Leí que la reconocida evangelista de sanidad Kathryn Kuhlman comentó que solo entre el 10 y el 15 por ciento de las personas mantienen su sanidad. Esta es una cifra desgraciadamente muy baja de personas que son capaces de experimentar una sanidad permanente, y eso ha desalentado mucho a las personas, impidiéndoles confiar en la oración como un método de sanidad. Sin embargo, mi oración y mi pasión es ver cómo esa cifra cambia, de tal modo que el 90 por ciento de las personas puedan mantener su sanidad. Y con base en lo que Dios me demostró a través de las oraciones de sanidad que se encuentran en este libro, creo que es realista esperar que el 90 por ciento (o más) de las personas sanadas mantengan su sanidad. Uno de los propósitos principales de este libro es ayudar a establecer un fundamento para un entendimiento práctico de lo que Dios quiere que sepas para romper cualquier barrera que impida una sanidad permanente.

A veces, cuando las personas oran por sanidad y no la reciben, piensan que sus oraciones no han sido contestadas, y más importante aún, no saben qué hacer después para recibir sanidad. Este es un asunto común, incluso en la Iglesia, especialmente porque hay muy poca enseñanza espiritual sobre las barreras que bloquean tu espíritu, alma y cuerpo para recibir la sanidad. En el libro que escribí junto con el Dr. Randy Clark, *Finding Victory When Healing Doesn't Happen*, describimos algunas de las principales razones que pueden entorpecer el proceso de sanidad divina, como indignidad, incredulidad, temor, duda, falta de perdón, pecado, expectativas mundanas, maldiciones y la guerra espiritual (ver el capítulo 11 para más detalles). Una de las barreras más comunes para la sanidad es el trauma emocional no resuelto del pasado que se alberga en el interior. De hecho, el trauma emocional es tan poderoso que, si se mantiene dentro mucho tiempo, puede debilitar el cuerpo, hacer que sea más susceptible a la enfermedad, debilitar tu fe en la sanidad ¡y bloquear cualquier sanidad de los síntomas específicos!

Las emociones a menudo se pasan por alto cuando se trata del dolor, la enfermedad y el proceso de sanidad.

En los muchos años que he orado y he sido testigo de sanidades, especialmente de enfermedades con problemas de largo plazo, he descubierto que las emociones son una de las razones más comunes, más malentendidas y menos enseñadas para la falta de sanidad de enfermedades de la mente o el cuerpo. No importa qué lesión o qué problema tengas, la emoción interior es siempre parte del problema, pero en raras ocasiones se trata como parte de la solución. Esta es una de las razones por la que los Centros de Control y Prevención de Enfermedades (CDC, por sus siglas en inglés) afirman que el 85 por ciento de la enfermedad física tiene una raíz emocional. ¡Este es un porcentaje extremadamente elevado para que las emociones afecten tu estado de salud!

El cuerpo tiene una gran capacidad para resistir la enfermedad, en especial cuando nos cuidamos y hacemos cosas como liberar de forma rutinaria emociones para equilibrar la mente y regular el nivel de estrés del cuerpo. Incluso la Escritura dice que, cuando confiesas (o sueltas) tus pensamientos a otra persona, puedes ser sanado (ver Santiago 5:16). Sin embargo, cuando retienes tus emociones intensas que resultan del dolor o el trauma acumulado, tu mente y tu cuerpo se estresan y se desequilibran. Por ejemplo, entre los sistemas corporales que se ven más afectados por el estrés están el sistema inmune, el corazón y el sistema digestivo.[1] Cuando estas áreas de tu cuerpo funcionan en un estado de debilitamiento, eres más susceptible a enfermedades y achaques. Esto significa que a tus sistemas debilitados les costará luchar contra las enfermedades, lo que contribuye a la causa de tu enfermedad, incluso bloquea tu sanidad, especialmente con emociones contenidas (ver el capítulo 15 para más detalles).

La investigación detalla la influencia del estrés y la importancia de expresar las emociones como una ayuda para la sanidad y una vida saludable.

- Hasta el 98 por ciento de las enfermedades mentales, físicas y de conducta surgen de nuestros pensamientos.[2]
- El estrés es un factor en el 75 por ciento de todas las enfermedades y achaques.[3]

---

1. Karol K. Truman, *Feelings Buried Alive Never Die…* (St. George, Utah: Olympus Distributing, 1991), pp. 220-264.
2. Dr. Caroline Leaf, Switch on Your Brain (Grand Rapids, MI: Baker Books, 2013), 33.
3. Sheldon Cohen PhD, Denise Janicki Deverts PhD, Gregory E. Miller PhD, "Psychological Stress and Disease", *JAMA*, 10 de octubre de 2007, 1685, https://jamanetwork.com/journals/jama/article-abstract/209083?redirect=true (Consultado en línea el 30 de abril de 2018).

- El 88 por ciento de los cánceres se deben a un estilo de vida y no a la genética.[4]
- Entre el 75 y el 90 por ciento de todas las visitas al médico de cuidados primarios se deben a problemas relacionados con el estrés.[5]

EL TRAUMA TEMPRANO CAUSA UNA MAYOR INTENSIDAD DE DOLOR

Los eventos emocionales y físicos dolorosos pueden producirse en cualquier momento en la vida; sin embargo, cuanto más temprano y más severo sea el evento, más devastadora puede resultar la experiencia. Cuando se producen eventos dolorosos, se forma una especie de cadena hacia ti, como un anillo de acero soldado a tu alma. Con cada evento doloroso adicional se suelda otro anillo de acero a tu alma. Como resultado, terminas con una larga cadena de dolor y decepción.

Durante unos cuarenta años, Marta experimentó una ansiedad constante y se quejaba de una mala administración del tiempo. Sentía presión cada mañana para terminar las actividades. Si no se apresuraba, sentía presión en su cabeza y ansiedad en su estómago. Dios la llevó atrás a cuando tenía diez años, y su mamá frecuentemente le gritaba expresando decepción e impaciencia y, para Marta, una falta de amor. Como resultado, Marta se sentía inepta, no amada, ansiosa, y se veía como una fuente constante de decepción para sus padres. Cuando entregó esos sentimientos a Dios y perdonó a su familia, la ansiedad y la presión desaparecieron. La emoción de esos años de su infancia era tan fuerte, que forjó eslabones en la cadena que permaneció cuarenta años, hasta que finalmente se vio preparada para revelarlo y soltarlo.

---

4. International Agency for Research on Cancer and the World Health Organization, "Cancer Statistics and Views of Causes", *Science News*, vol. 115, no. 2 (13 de enero de 1979), p. 23.
5. Dr. Paul Rosch, "Stress and Heart Disease", http://www.stress.org/stress-and-heart-disease/ (Consultado en línea el 30 de abril de 2018).

Si no te ocupas de tus sentimientos, cada dolor y decepción causados por personas importantes en tu vida (un padre, amigo, maestro, novio o novia, cónyuge, jefe) continuará creando más anillos en la cadena de emociones insanas. Con cada dolor, la cadena es más pesada y los sentimientos más intensos. Esta acumulación de dolor debido al trauma físico y/o emocional afectará en gran medida cómo te sientes por dentro emocionalmente, lo que creerás sobre tu sanidad y cómo reaccionarás a otras personas o situaciones. Por ejemplo, cuanto más tiempo retengas tus emociones derivadas de heridas del pasado sin resolver (no sanadas) y cargues con falta de perdón, mayores probabilidades tendrás de que te cueste creer en tu sanidad y experimentarás problemas como:

+ un aumento de enfermedades emocionales y físicas
+ condiciones crónicas y sanidad sin éxito
+ sentimientos de ser indigno o no merecedor de perdón o de sanidad
+ dudas de que Dios pueda usarte para sanar a otros
+ creer que tus oraciones no son eficaces
+ creer que debes vivir con tus síntomas y que la sanidad no es para ti
+ creer que Dios quiere que sufras para que aprendas algo

Si estás experimentando cualquiera de estos problemas que son comunes, no estás solo. Muchas personas están siendo engañadas debido a emociones negativas no resueltas que crean creencias pecaminosas, temores y mentiras derivadas de heridas del pasado. Estas percepciones insanas, creadas a través de experiencias dolorosas, se convierten en tu realidad y corrompen tu capacidad para creer la verdad acerca de recibir la sanidad, así como tu autoridad para ministrar sanidad a otros. La buena noticia es que no tienes que vivir con estos problemas. Puedes aprender maneras nuevas de revelar y liberar lo que no es de Dios y recibir lo que Dios quiere que tengas.

Una mujer llamada María no fue sanada después de que oraron por ella varias veces. Cuando le pregunté si quería ser sanada, María dijo que sentía que había una diferencia entre querer ser sanada y experimentar ser sanada. María dijo que no sabía cómo Dios quería sanar a alguien como ella, ya que no sentía que era lo "suficientemente buena" para ser sanada. Cuando le pregunté cómo se sintió cuando dijo eso, María dijo que sintió tristeza y rechazo.

Dios llevó a María a un recuerdo de la infancia tumbada en la cama cuando estaba enferma. Como su mamá siempre estaba ocupada, la infancia de María estuvo llena de tristeza, soledad, aburrimiento y sentimientos de rechazo por la negligencia de su mamá. Esta experiencia causó en María la creencia de que no era lo suficientemente buena para que la cuidaran, y la falta de amor de su mamá creó en ella el sentimiento de no ser digna de cosas buenas. Cuando María liberó ese dolor, esa tristeza y esos sentimientos vacíos, se dio cuenta de que sus sentimientos como adulta de estar sola, triste y no ser suficientemente buena eran los mismos que tenía cuando era pequeña. Al imaginar a Jesús dándole su amor a través de un abrazo, María se vio a sí misma sentada en la cama y sintiéndose mejor. Después, visualizó a Jesús riéndose y divirtiéndose, incluso saltando sobre la cama con ella. Pude ver cómo el rostro de María se iluminaba al darse cuenta de la verdad acerca de sí misma.

LA IMPORTANCIA DE LAS EMOCIONES

No podemos ignorar la importancia de las emociones, ya que la investigación ha demostrado que son necesarias para asignar valor, propósito y significado a lo que hacemos. Las emociones llevan todo el cuerpo a un solo propósito, integrando sistemas y coordinando procesos mentales y biología para crear conducta.[6]

---

6. Leaf, p. 88.

Incluso la Biblia hace referencia a la vida emocional de Jesucristo durante su tiempo de ministerio. La Escritura afirma que debemos ser imitadores de Dios (ver Efesios 5:1). Como Jesús fue el mejor

Imitador de lo que Dios quiere que seamos, Dios quiere que tú también muestres las emociones de Jesús, como tristeza (ver Mateo 26:38), temor y agonía (ver Lucas 22:44), ira (ver Juan 2:15), lágrimas (ver Juan 11:35), rechazo (ver Juan 19:15) y gozo (ver Lucas 10:21). Me refiero a que, si quieres ser como Jesús y quieres mantener una vida saludable, de modo similar debes identificar y expresar las emociones como Jesús lo hizo.

Como el apóstol Pablo fue también uno de los mejores imitadores de Jesús, él escribió: *Pongan en práctica lo que de mí han aprendido, recibido y oído, y lo que han visto en mí, y el Dios de paz estará con ustedes* (Filipenses 4:9, NVI). Por lo tanto, cuando expresas tus sentimientos, que es como Dios te diseñó para que operaras, comenzarás a encontrar la paz, el gozo y la sanidad que Dios quería que experimentaras.

Las emociones que Dios te dio son vitalmente importantes para cómo vives. Aunque no puedes controlar los eventos o las circunstancias que producen temor, mentiras y enfermedad, sí puedes escoger controlar lo que harás con tus emociones para influir en tu sanidad. La Escritura nos dice que no tenemos un espíritu de temor, sino de poder, de amor y de dominio propio (ver 2 Timoteo 1:7). Tú tienes una decisión que tomar. Puedes tomar el control de la enfermedad, o tu enfermedad tomará el control de ti. En los siguientes capítulos aprenderás más sobre cómo tomar el control de tus emociones y enfermedades a fin de obtener una sanidad exitosa y permanente.

2

QUÉ SUCEDE CUANDO HAY UN TRAUMA EMOCIONAL

Roger tenía mucho dolor mientras estaba sentado frente a mí pidiéndome oración. Parte de él esperaba la sanidad, pero otra parte estaba llena de dudas. Su desesperación por probar cualquier alternativa para recibir sanidad venía del sufrimiento que había soportado en los últimos treinta y cinco años, después de que un conductor ebrio chocara con su motocicleta. Mientras me describía el accidente, la mirada en su rostro revelaba la tristeza y la presión que habían acompañado a una vida llena de dolor. Dijo que el accidente "liquidó" su columna vertebral, le estropeó un disco, le cortó parcialmente la pierna, le rompió muchas costillas y le perforó un pulmón. Con los años, Roger había tenido cierta mejoría, pero creía que muchas de sus oraciones no habían sido contestadas porque aún tenía un nivel de dolor que afectaba severamente su calidad de vida. Todavía tenía que lidiar con un fuerte dolor de espalda y movilidad alterada debido a que una pierna era unos centímetros más corta que la otra. Cuando le pedí que describiera su nivel de dolor en una escala de 0 a 10 (donde 10 era el máximo dolor), ¡me dijo que siempre era de quince! Con los años, había dejado de tomar medicinas para el dolor por la factura que habían pasado a su cuerpo y a su mente.

Roger no sabía qué otra cosa hacer, y sentía que ya no podía aguantar más. Los médicos afirmaban que no había nada más que pudieran hacer por él, aparte de recetarle más medicinas para el dolor. Él temía tener que hacer frente a la decepción de pedir oración por si no se producía la sanidad. Estaba en un punto en que se cuestionaba su fe y se preguntaba si Dios querría sanarle.

Le dije a Roger que esas respuestas eran normales debido a una cantidad de trauma y sufrimiento que no eran normales. Le dije que Dios también estaba triste de que estuviera viviendo así, y que Él quería que Roger fuera sanado incluso más que él mismo. A las personas como Roger, que han soportado una sucesión de decepciones, primero les pregunto si todavía quieren ser sanados. Si la persona dice que no, o duda en responder, pregunto por qué se siente así. Examino su respuesta para ver si revela otros problemas que puedan estar bloqueando su sanidad. Como Roger respondió afirmativamente a la pregunta, le dije que trabajaríamos juntos para descubrir qué estaba bloqueando su sanidad.

Le pedí a Roger que recordara su accidente y que visualizara a Jesús de pie entre él y el lugar del accidente. Después ordené al trauma emocional, físico, de memoria y visual que se fuera de Roger en el nombre de Jesús. Cuando Roger liberó el trauma y perdonó al otro conductor, le pedí a Dios que ajustara las piernas de Roger. Mientras ambos veíamos cómo se alargaba su pierna más corta, él pudo sentir que sus caderas automáticamente se ajustaban, y su dolor de espalda desapareció por completo. Al instante, Roger pudo ponerse en pie, caminar, doblarse y tocarse los dedos de los pies, ¡sin dolor!

CADA DOLOR O HERIDA ES UN TRAUMA PARA TU SISTEMA

Al margen de cómo puedas identificarte con las experiencias de Roger, sé que la vida sigue estando llena de dolor que puede afectar en gran manera tu cuerpo (físico) y tu alma (mente, voluntad y emociones). Debes entender que cualquier herida o dolor que recibes (emocional o físico) es una forma de trauma para tu sistema.

La palabra *herida* es la traducción española de la palabra griega *trauma*, razón por la cual uso la palabra *trauma* a lo largo de todo el libro y cuando oro por sanidad. Puedes usar palabras como *dolor, herida, daño, abuso, maltrato* u otras, pero todas ellas son trauma. El trauma llega de muy diversas formas.

El *trauma físico* puede provenir de un daño o una lesión directa a tu cuerpo, incluyendo el abuso físico, los accidentes, las lesiones, e incluso las cirugías.

En correspondencia con el trauma físico está el *trauma de la memoria celular*. Cuando hay un trauma físico en el cuerpo, los tejidos, células, músculos, ligamentos y órganos, todos ellos retienen la memoria del trauma como organismos vivos que sienten.

El *trauma emocional* son los sentimientos negativos asociados al experimentar el trauma físico. Estos sentimientos incluyen dolor, temor y tristeza. El trauma emocional también puede derivarse de expresiones verbales dolorosas que te hayan dicho. (Para más información, ve a la sección sobre Trauma de la violencia doméstica incomprendida en el capítulo 11).

Otros traumas pueden incluir: *trauma visual* al ver devastación o algo terrible, como ver a tu papá enojarse cuando eras un niño; *trauma auditivo* de sonidos que asustan; o *trauma de memoria general*, que puede incluir un evento traumático o una acumulación de muchos recuerdos traumáticos a lo largo del tiempo. Ya sea que llames a las experiencias dolorosas heridas o trauma, es el mismo dolor y sufrimiento que debe ser revelado y liberado para la restauración de tu mente y de tu cuerpo. Aprenderás más detalles sobre estos traumas a lo largo del libro.

TODO EVENTO DOLOROSO CREA UN TRAUMA FÍSICO

Si experimentas un dolor físico, tu cuerpo sostendrá un trauma físico y un trauma de memoria celular con cualquier tipo de lesión física corporal. Como todo en tu cuerpo está vivo, cada célula de tus músculos, ligamentos, órganos, piel, etc., cargará el dolor de una lesión (trauma de memoria celular) hasta que liberes el trauma. Esto también puede incluir lesiones corporales que no recuerdas. Por ejemplo, una experiencia de nacimiento forzoso o un tiempo prolongado en el canal de parto pueden crear temores y ansiedades. Incluso cuando te anestesian para una cirugía, tu cuerpo puede experimentar un trauma de memoria celular. Hay muchos testimonios de personas que han tenido años de dolor corporal después de un procedimiento quirúrgico que tenía la intención de liberar el dolor. Como resultado, sin embargo, el dolor continuó o empeoró. Cuando la persona se imaginó la intervención quirúrgica y ordenó a la memoria celular que se fuera, el dolor desapareció.

Había un hombre al que hicieron una cirugía para arreglar una rotura en el ligamento de la rodilla. Tras la operación, comenzó a sentir un dolor constante, lo cual describió como un dolor de nivel seis. Hice que el hombre se visualizara en la mesa de operaciones durante la intervención. Le pedí que se imaginara a Jesús poniendo su mano sobre la rodilla, y mientras le ordenaba al trauma físico y de la memoria celular que se fueran, su dolor desapareció. Cuando le pregunté qué ocurrió después de la operación, me dijo que sintió un dolor de número ocho y tuvo mucho miedo. Como el temor es una puerta abierta para el dolor, hice que se imaginara a Jesús de pie a su lado en la sala de recuperación. Después le ordenamos al temor que desapareciera y le pedimos a Jesús que fuera un escudo de comodidad, vida y luz. El dolor y el temor se fueron.

TODO EVENTO DOLOROSO CREA UN TRAUMA EMOCIONAL

Cuando estás dolido física o emocionalmente, siempre se produce una reacción emocional (o *trauma emocional*). Puedes sentir un *shock*, dolor, tristeza, temor, ira o agitación como resultado del evento. Cuanto más dolorosas sean las sensaciones durante o después del evento, mayor es la huella del trauma que queda grabada en tu memoria y más temores tendrás de resultar herido en futuros incidentes.

Por ejemplo, la cara enojada de tu papá y el dolor que sentías cuando su cinturón golpeaba tu cuerpo mientras te disciplinaba pudo crear muchas sensaciones de trauma. Durante los Pasos para la Oración de Sanidad (ver capítulo 10 para los detalles), ordeno a todos los recuerdos de emoción, vista y sonido, así como otros traumas de memoria celular y físico, que se vayan en el nombre de Jesús. Declaro sanidad y bienestar sobre cada una de esas áreas.

Bill se produjo una pequeña fractura cuando su vehículo volcó durante un accidente de tráfico. Cuatro años después, su muñeca tenía constantemente un dolor de nivel cuatro. El dolor le recorría todo el brazo hasta el hombro, limitando el movimiento del brazo y la muñeca. Al final de cada día, su muñeca llegaba a un nivel 10 de dolor. Por varios motivos, Bill no recibió tratamiento en el momento del accidente, y los médicos decían que ya no se podía hacer nada. Bill tendría que vivir con el dolor, el cual progresaría finalmente hasta convertirse en artritis.

Durante los años, Bill había recibido oración con pocos resultados. Le pedí que se imaginara el accidente en su mente, con Jesús protegiéndolo. Después le pedí que liberara a Jesús todas las "palabras sobre sentimientos" en cuanto al incidente. Al hacerlo, liberó el temor y el dolor que había experimentado antes, durante, y después del accidente. Oramos para que su diagnóstico fuera eliminado. Él perdonó al otro conductor; y ordenamos a su muñeca que sanara. De inmediato, su dolor se redujo a un nivel dos. Como Bill aún experimentaba dolor, sabía que tenía que liberar más emoción. Cuando Bill liberó su decepción debido a tener que vivir con ese problema durante los últimos cuatro años, ordené que cualquier resto de dolor se fuera en el nombre de Jesús. Bill se fue libre de dolor. ¡Gloria a Dios!

TODO EVENTO DOLOROSO CREA UNA CREENCIA Y AFECTA TU FE

Tu sistema de creencias comienza a una edad muy temprana. La impresión de la memoria y la emoción se produce en esta etapa más vulnerable de la vida. Como resultado, un evento doloroso puede crear dos creencias principales. En primer lugar, sientes falta de seguridad y vulnerabilidad con otras personas y con tu entorno. Esto es especialmente evidente en las personas que son demasiado desconfiadas como para que tú expreses emociones, tienen temor a ser vulnerables con sus emociones delante de otros y de Dios. En segundo lugar, desarrollas creencias negativas sobre ti mismo, como…

- *Soy malo.*
- *No soy suficientemente bueno.*
- *Tengo miedo al conflicto.*
- *No me merezco cosas buenas.*
- *Temo a las figuras de autoridad.*
- *Se espera que yo sufra.*

Vivir con pensamientos insanos y emociones negativas distorsiona tus percepciones de la verdad y crea una crisis en tu nivel de fe. La creencia es lo que tú usas para definirte; la fe es la acción que muestras para expresarla. Si albergas creencias negativas sobre ti mismo o tus sentimientos, no tendrás la confianza de sentir nada o de hacer nada, y no serás capaz de avanzar.

Annie acudió a verme después de años de sentirse deprimida y de toda una vida teniendo miedo de lograr cosas porque creía que no sería lo suficientemente buena. Cuando usé los Pasos para la Oración de Sanidad, Dios llevó a Annie de regreso a una imagen de su maestra de cuarto grado diciéndole a la clase que fueran creativos y que hicieran lo que quisieran con arcilla. La pequeña Annie estaba muy orgullosa de mostrar a su maestra el bol y la tapa que hizo. Su maestra dijo: "Esto es demasiado pequeño y no se sostiene". Con eso, Annie vio cómo la maestra aplastaba la tapa de arcilla contra el bol. Annie describió el evento como devastador, que aplastó sus sentimientos, haciéndole sentir que no era suficientemente buena y sin la confianza de que podía lograr cosas. Se dio cuenta de que esa experiencia de su infancia fue el punto de partida de sus creencias negativas que la desanimaban de actuar en fe. Cuando le pidió a Jesús que se pusiera entre ella y la maestra para protegerla, pudo liberar la emoción, liberar las creencias negativas y perdonar a la maestra. Annie sintió una liberación inmediata de su depresión.

Muchas veces solo se necesitan las palabras de una persona influyente temprano en la vida para marcar la diferencia más significativa para bien o para mal. La Escritura afirma que la muerte y la vida están en poder de la lengua (ver Proverbios 18:21).

QUÉ RELACIÓN TIENE ESTO CON LA SANIDAD

Estas percepciones o creencias insanas creadas mediante experiencias dolorosas se convierten en realidad y corrompen tu capacidad para creer la verdad acerca de recibir sanidad, así como tu autoridad para sanar a otros.

La Escritura nos dice que lo que piensas afecta a quién eres (ver Proverbios 23:7). Las percepciones creadas temprano en la vida pueden convertirse en tu patrón normal de vida, lo que puede intensificar las creencias insanas, así como los sentimientos de culpa, duda, indignidad, temor, falta de amor, ansiedad, abandono, vulnerabilidad y muchos otros. Esto hace que sea más difícil recibir lo que Dios tiene para ti, porque...

- Sientes que no es seguro bajar la guardia y dejar que otras personas o Dios entren en tu corazón.
- Dudas de que se pueda producir la sanidad.
- Te sientes indigno de recibir la sanidad o el amor de Dios.

- Sientes que Dios no te ama o no te quiere.
- Tienes miedo de arriesgarte a que te hagan daño otra vez

Y la lista de mentiras continúa.

La más común de estas creencias impías son sentimientos de ser inepto, detestable o inseguro, y crean otra mentira que te hace tener miedo a ser sincero con tus sentimientos y, finalmente, indigno de recibir sanidad. Incluso para los que sí reciben sanidad, las creencias insanas pueden hacer que batallen para mantener la sanidad o para sentirse dignos de recibir más del amor y el favor de Dios.

Además, el dolor no resuelto del pasado causado por personas importantes que murieron, o que te abandonaron, o te descuidaron, o abusaron de ti, puede crear muchos temores insanos, lo cual se puede acarrear hasta la edad adulta. Estas personas sienten que son detestables, se sienten abandonadas, traicionadas, batallan para acercarse emocionalmente y les cuesta mucho confiar en otros, incluyendo a Dios mismo. A menos que liberes esas emociones, podrían convertirse en el fundamento para lo que crees el resto de tu vida. Por ejemplo, si te sentiste inseguro y tenías miedo cuando un padre o una madre te gritaba, tendrás tendencia a creer que cualquier persona que levanta la voz es peligrosa. El siguiente diagrama muestra el progreso del trauma y los resultados negativos que crea.

Trauma físico	crea —>	Trauma emocional	crea —>	Creencias falsas	crea —>	Reacciones a la vida y a la sanidad
Madre grita o insulta; padre se va de casa	—>	Miedo, rechazo, abandono	—>	La gente es peligrosa. No se puede confiar en ella.	—>	No puede confiar en la gente o en Dios para que le ayuden o para sanar. Teme acercarse emocionalmente

Para sanar el corazón, corregir las creencias, y cambiar las reacciones de una persona hacia la vida es importante crear un entorno para que la persona se sienta lo bastante segura para liberar el trauma emocional. Esto se hace por medio de los Pasos para la Oración de Sanidad, que explicaré con más detalle en el capítulo 10.

Como los eventos de trauma emocional insanos son parte de la creación de creencias insanas y falta de perdón, liberar el dolor original es importante, y a menudo liberará automáticamente las creencias impías, lo que hace que perdonar sea más fácil. La dificultad a la hora de soltar las creencias impías (por ej., indignidad, falta de confianza, etc.) y la incapacidad para perdonar son evidencias de que hay que descubrir y liberar más emociones insanas. Los capítulos siguientes darán más detalles sobre cómo reconocer, revelar y liberar emociones insanas.

3

LAS EMOCIONES REPRIMIDAS ESTÁN VINCULADAS A LAS ENFERMEDADES DE MENTE-CUERPO

Cuando las experiencias dolorosas se procesan correctamente, la información emocional, física y mental se integra en la mente y se almacena para usarse en reacciones actuales o futuras. Cuando experimentas un número excesivo de emociones insanas (traumas) a la vez, la mente no puede procesar adecuadamente o liberar toda la información. Como resultado, la emoción, las imágenes, los sonidos y las sensaciones físicas se atascan en un estado traumático, y la mente reprime la información para proteger la mente y el cuerpo de un *shock*. Además, si tus primeros cuidadores no modelaron cómo liberar las emociones, o te aconsejaron no liberar las emociones que sentías, es normal que retengas (reprimas) tus emociones insanas. Con el tiempo, tus emociones reprimidas se almacenan a lo largo de tu cuerpo en células, músculos, tendones y sistemas corporales,[7] creando un estado de funcionalidad debilitado que hace que el cuerpo sea más susceptible a la enfermedad y menos capaz o receptivo con respecto a la sanidad.

---

7. Peter Chappell, *Emotional Healing with Homoeopathy* (Rockport, MA: Element, 1994), p. 23.

Algunos de los signos reveladores que indican que quizá tengas emociones reprimidas son:

+ Tus sentimientos están paralizados y/o no tienes respuesta emocional o la tienes muy limitada.
+ No recuerdas o tienes lapsos periódicos de recuerdos de la infancia.
+ Es muy difícil expresar tus emociones y/o guardas silencio con otros.
+ Te pones a la defensiva y/o tienes estallidos emocionales de ira.
+ Te vuelves "mudo" en una conversación y te cuesta saber qué decir.
+ Te dan miedo las situaciones de conflicto o temes compartir tus sentimientos.
+ No puedes verbalizar la emoción interna (por ejemplo, ansiedad, tristeza).
+ Los síntomas emocionales o físicos no mejoran con los métodos médicos y espirituales.
+ Tus conductas, pensamientos y emociones se vuelven insensibles, erráticos, abusivos o irracionales.

Cuanto más tiempo permanezcan las emociones insanas y no resueltas, mayor es el potencial de que el cuerpo desarrolle otros problemas, como el aumento de los niveles de estrés, la desconexión entre cuerpo/alma/espíritu, cambio de las estructuras de ADN y enfermedad emocional y física. Si no haces cambios correctivos, no solo sufrirás con los problemas ya mencionados durante el resto de tu vida, sino que también pasarás la insalubridad a la siguiente generación.

ESTRÉS

Aunque una cierta cantidad de estrés es algo normal y puede ayudarte a estar más alerta, cantidades excesivas de estrés conducen a daño corporal, emocional y mental. El estrés puede aumentar el riesgo de sufrir una apoplejía, un ataque al corazón, úlceras, trastornos del sueño, problemas de desempeño laboral y enfermedades mentales como depresión, ansiedad e incluso síntomas de Desorden de Estrés Post Traumático (PTSD por sus siglas en inglés).[8] La mejor manera de reducir el estrés es mediante un cuidado personal adecuado, actividades como el ejercicio regular, una buena alimentación, menos presión laboral y, especialmente, una libre expresión de tus pensamientos y sentimientos con personas seguras y positivas.

Juan me dijo: "Estoy atascado en mi vida". Se sentía estresado en su trabajo, lo que le hizo cuestionarse su deseo de estar ahí. La falta de confianza de Juan hacía que frecuentemente se sintiera como si arruinara en su trabajo. Se sentía incapaz de poder cambiar las cosas. Admitía tener pocas metas en la vida y le costaba confiar en que Dios le podía consolar cuando se sentía ansioso con respecto a intentar cosas nuevas. Como resultado, Juan se sentía descontento, desmotivado y sin esperanzas para el futuro.

Dada la edad madura y las capacidades de Juan, yo sabía por las palabras que usaba para expresar sus sentimientos que sufría por traumas de su infancia no resueltos. Dios llevó a Juan a un recuerdo de cuando tenía cinco años y sus hermanos mayores se fueron de casa. Él se quedó solo, como el único hijo de unos padres impávidos y a menudo físicamente ausentes. Su vida en casa creó huellas entre las que se incluían: temor a que las personas se fueran (abandono), incertidumbre sobre la vida (desesperanza), miedo a la oscuridad (estando solo), incapacidad para hacer algo con respecto a sus circunstancias (indefensión) y una falta de consuelo de sus padres (insignificancia). Después de pedir a Dios que revelara traumas del pasado, y tras liberar las correspondientes emociones insanas, Juan se sintió distinto y fue capaz de aceptar cosas buenas de Dios. Cuando oramos para que Dios le diera emociones saludables y una

---

8. Consultado en línea 17 de mayo de 2018. https://wikipedia.org/wiki/Psychological_stress.

nueva perspectiva, se dio cuenta de que podía reemplazar su incertidumbre en situaciones de la vida (como las de su trabajo) por certeza, tan solo pidiéndole a Jesús que le diera consuelo y confianza.

Fue necesario liberar la emoción insana del pasado para que Juan pudiera recibir (y aceptar) la revelación de Dios que traería consuelo a su situación. Las huellas emocionales insanas en la infancia siempre se convertirán en una influencia más fuerte que tus pensamientos y conductas adultas más lógicas. Como resultado, si las personas por las que oras demuestran inmadurez en sus acciones, palabras y creencias, eso es una confirmación de que tienen problemas de la infancia que deben ser revelados y liberados para que puedan creer que se producirá la sanidad. Los Pasos para la Oración de Sanidad también ayudarán a identificar y liberar esos problemas.

LA EMOCIÓN REPRIMIDA DESCONECTA TU CUERPO/ALMA/ESPÍRITU

La emoción reprimida te desconecta del espíritu, interrumpiendo tu capacidad de oír y sentir a Dios o creer en tu capacidad de ser sanado y tu autoridad para sanar a otros. Cuando experimentas un evento doloroso (traumático), especialmente antes de la edad de doce años (antes de la pubertad), las emociones de ese trauma pueden quedar atascadas en el nivel de tu desarrollo emocional cuando se produjo el evento. Si el niño no recibe ayuda para liberar la emoción insana, la emoción quedará reprimida y se instalará muy adentro. Como resultado, la persona adulta está destinada a reaccionar emocionalmente al mismo nivel inmaduro del desarrollo emocional, a menos que se aborden las emociones traumáticas. Esta es la razón por la que vemos personas que reaccionan de forma inmadura y a un nivel mayor de intensidad de lo que parecería apropiado, dado el actual incidente desencadenante.

Cuando estás emocionalmente atascado en un nivel inmaduro de reacción, no puedes pensar más allá de la emoción que sientes.

Por ejemplo, si un ser querido murió o se fue de casa cuando tenías seis años, el dolor emocional y el temor resultantes de la sensación de pérdida y abandono que experimentaste a esa edad se pueden convertir en la misma emoción que no te permitirá confiar en que Dios puede sanarte de adulto. Cuanta más emoción reprimida de la infancia haya en tu interior, menos podrás oír a Dios o creer en tu sanidad, porque las emociones que te consumen superan a tu capacidad de oír o encontrar sentido más allá de la emoción. Como resultado, creerás, sentirás y reaccionarás desde la emoción de la infancia, en lugar de hacerlo desde tus creencias y reacciones lógicas de un adulto.

Esto es lo que puede hacer que orar por una persona inmadura o emocionalmente cerrada sea más difícil. No pueden oír o creer la verdad acerca de su sanidad, y quizá interpretan lo que dice la persona que está orando (o lo que Dios quiere que sepan) como crítica y juicio en lugar de dirección y guía. Por eso están emocionalmente atascados en la edad de un incidente anterior, quizá cuando una figura de autoridad fue crítica con ellas y les hirió. Esto obstaculiza su capacidad para superar las mentiras emocionales que sienten o las creencias que tienen. Por ejemplo, estás reaccionando de una forma emocionalmente inmadura cuando:

- dudas, criticas, degradas, cuestionas, juzgas; no eres capaz de creer en tus habilidades o en tu sanidad
- dices o escuchas palabras como *duda, no puedo, injusto, temeroso, desesperanzado, incapaz, no lo suficientemente bueno, malo, indeseado, no amado, estúpido, perdido* o *vacío*
- no crees en tu destino, dones, talentos y habilidades
- no recibes/das libremente palabras o acciones de afecto, como abrazos, besos o decir "te amo"
- te pones a la defensiva, eres sarcástico, crítico, cerrado emocionalmente, con berrinches temperamentales como estallidos de ira, dar portazos, ataques de llanto, trato del silencio, gritar y discutir.

Cuando oyes o ves las reacciones que acabo de mencionar en la persona por la que oras, es importante escuchar y observar sus palabras y conductas para entender dónde tiene la herida. También puedes hacer que la persona por la que oras identifique las emociones durante el incidente y use los Pasos para la Oración de Sanidad.

Una mujer estaba llorando en mi oficina mientras expresaba que no era lo suficientemente buena para que Dios la amara. Como yo sabía que este tipo de creencia se originó en la infancia, le pregunté por su relación con sus padres. Ella respondió que su mamá no era amorosa con ella, y que se ponía celosa si ella (siendo una niña pequeña) intentaba acercarse a su papá. Cuando le pedí que se imaginara de niña, con Jesús de pie entre ella y sus padres, de repente se sintió protegida. Entendió que no era culpa suya no recibir el amor de sus padres. Cuando le pregunté qué veía ella que estaba haciendo Jesús con esa niña pequeña, lo imaginó poniendo su brazo alrededor de ella. Le di a la mujer una pequeña almohada para que la abrazara mientras veía a Jesús abrazándola a ella. Mientras ponía mi mano sobre su cabeza para hacer una oración con la bendición del Padre sobre ella, comenzó a llorar de nuevo, pero esta vez de gozo por sentirse amada y cuidada por un Padre.

CAMBIOS EN EL ADN

El ADN contiene la información genética que permite que todas las cosas vivas funcionen, crezcan y se reproduzcan. El ADN es una molécula que tiene las instrucciones genéticas usadas en el crecimiento, desarrollo, funcionamiento y reproducción de todos los organismos vivientes conocidos, incluyendo muchos virus.[9] El ADN es la infraestructura que dirige las estructuras celulares y conecta con todas las células de tu cuerpo. Sirve como la red principal de comunicación por todo el cuerpo. Tus emociones programan tu ADN y dan forma al sistema inmune de tus células. Las

---

9. Consultado en línea 17 de mayo de 2018). http://altered-tsates.net/index2.php?/cart/index.php?main_page=product_info&products_id=1556.

emociones negativas destruyen la coherencia del sistema inmune, mientras que las emociones positivas lo mejoran.[10] En su libro *Switch on Your Brain* (Enciende tu cerebro), la Dra. Caroline Leaf reporta un estudio realizado por el HeartMath Institute, que afirmaba que los pensamientos y sentimientos de ira, temor y frustración causaban que el ADN cambiara de forma según esos pensamientos y sentimientos. El ADN respondía apagando muchos de sus códigos, lo que reducía la calidad de expresión y, a su vez, producía un apagado físico debido a las emociones negativas.[11] La Dra. Leaf aporta algunas buenas noticias: el apagado negativo o la mala calidad de los códigos de ADN ¡se revertían al aumentarse los sentimientos de amor, gozo, aprecio y gratitud![12]

Como ya he mencionado, la expresión de las emociones es una de las mayores influencias para impedir tu salud o para mantener un bienestar físico y una relación con Dios saludables. La buena noticia es que tienes la capacidad de hacerte cargo de tu salud mientras aprendes a revelar y liberar las emociones insanas y a restaurar lo que es saludable. Los siguientes dos capítulos continuarán explicando más acerca de cómo las emociones reprimidas pueden ser la raíz de la enfermedad física y mental.

---

10. Consultado en línea 17 de mayo de 2018). http://www.soulsofdistortion.nl/SODA_chapter9.html.
11. Caroline M. Leaf, *Switch on Your Brain* (Grand Rapids, MI: Baker Books, 2013) p. 35.
12. Ibid.

4

CONEXIONES EMOCIONALES CON LA ENFERMEDAD FÍSICA

Durante treinta años, Joyce sufrió dolor y rigidez de cuello, hombros, rodilla y lumbares. Expresaba su dolor en un nivel de ocho. El tratamiento médico y las oraciones que había recibido no tuvieron éxito para aliviar el dolor que limitaba sus actividades y aumentaba su miedo a experimentar más dolor. Hace varios años atrás comenzó a experimentar ansiedad a un nivel de entre cinco y ocho. Cuando le pedí a Dios que la llevara al momento en que sintió ese tipo de ansiedad por primera vez, Dios la llevó de regreso a recuerdos de temor en los que su papá le gritaba cuando tenía cuatro años. Cuando le pedí que imaginara a Jesús de pie como protector entre ella y su papá, oramos para que el trauma emocional se fuera, y para que esa niña tuviera la paz y el consuelo de Dios. Cuando soltó el temor, llegó a su mente otro recuerdo de un familiar que abusó físicamente de ella. De nuevo, imaginó a Jesús protegiéndola y siendo capaz de liberar el dolor físico y el temor emocional. Cuando oramos por sanidad física, el dolor desapareció y pudo mover sus brazos y piernas totalmente, sin restricciones. Cuando se iba, se agachó para recoger un pañuelo desechable y se puso de pie con una sonrisa. Con emoción sostuvo en alto el pañuelo, diciendo: "Vaya, no me había dado cuenta de lo que acabo de hacer. He recogido del piso este pañuelo. ¡No había podido hacer esto en años!".

Como ocurrió con Joyce, cuando la emoción que experimentas es demasiado abrumadora, tu mente automáticamente retiene (reprime) esa emoción. En su libro *The Mindbody Presciption* (Curar el cuerpo, eliminar el dolor), el Dr. John Sarno hace hincapié en que reprimir la emoción dolorosa es una reacción natural del cerebro para ayudar a la mente y al cuerpo a que no se abrumen demasiado por el trauma físico. Cuando las emociones se vuelven abrumadoras, la mente produce síntomas físicos que mantienen la atención enfocada en el cuerpo y no en los sentimientos que son tan insoportables.[13] Además, cuando hay una lesión física, si el trauma emocional no se libera, la mente reprimirá la emoción, lo cual puede bloquear que el trauma físico se libere. El trauma físico aumentará para que se mantenga el enfoque en el problema físico y evitar tener que experimentar las emociones dolorosas. Cuanto más se repriman las emociones, más problemas físicos aparecerán a lo largo y ancho de las partes más debilitadas del cuerpo para desviar la atención de la fuente emocional original. A continuación, vemos dos maneras en las que tu mente y tu cuerpo reaccionan a la emoción reprimida.

1. SÍNTOMAS CON CAUSA CONOCIDA

Una de las razones más comunes de los problemas emocionales y físicos dolorosos se debe al trauma emocional causado por las lesiones físicas del pasado. Si tu actual tratamiento está enfocado principalmente en tus síntomas físicos, se prestará muy poca o ninguna atención a la parte emocional (alma) de la lesión. Como resultado, si solo atiendes tu cuerpo físico a la vez que ignoras tu alma (mente, voluntad y emociones), cualquier intento de sanidad, ya sea mediante la medicina tradicional o la oración, puede que sea menos efectivo. Aunque Dios puede sanar a través de tus oraciones, también te dio emociones que pueden superar tu capacidad de confiar en la sanidad espiritual. Por lo tanto, si estás lleno de

---

13. John E. Sarno, MD, *The Mindbody Prescription* (New York, NY: Warner Books, 1998), p. 18.

tratamientos médicos para tus problemas físicos, y tus emociones dañadas no se tratan, tus síntomas físicos quizá no encuentren alivio.

Con cada lesión física hay un trauma de memoria celular impreso en el cuerpo (por lo general, pero no siempre, relacionado con el lugar de la lesión) y un trauma de memoria emocional impreso en la mente y en el corazón. Estas impresiones encerrarán el trauma físico dentro del cuerpo, bloqueando su liberación física para sanidad. Esta es una de las razones por las que el tratamiento y la oración para los síntomas físicos podría no eliminar de forma permanente esos síntomas. Esto, por lo general, crea más duda y debilita tu fe para creer en la sanidad. Sin embargo, cuando los distintos traumas de memoria son liberados y sanados, los síntomas físicos también son libres para ser liberados y, a menudo, la sanidad se produce automáticamente. Incluso en casos en los que he orado por alguien que ha experimentado síntomas o dolor físico con intervenciones médicas o espirituales infructuosas hasta por cincuenta años, cuando usé los Pasos para la Oración de Sanidad, los síntomas físicos desaparecieron, a menudo sin oración adicional por el problema físico.

Una mujer nació con una curvatura deformada de la columna vertebral, y por treinta años tuvo varios grados de dolor de espalda, dependiendo de la cantidad de estrés que había en su vida. Cuando oramos, me dijo que el dolor en la parte baja de su espalda era de nivel 4. Cuando le pregunté cuáles eran los mayores estresantes en su vida, me dijo que tenía un esposo abusivo y recuerdos de un exnovio abusivo. Cuando liberó los distintos traumas emocionales y de recuerdo, su dolor de espalda disminuyó a medida que cada trauma era liberado. Cuando finalmente oramos para que Dios ajustara sus vértebras, Dios enderezó su espalda y desapareció el dolor.

2. SÍNTOMAS CON CAUSA DESCONOCIDA

Los síntomas reprimidos se pueden experimentar a través de varias formas de problemas emocionales o físicos que se pueden considerar *enfermedades psicosomáticas*. Estas se describen como "una enfermedad física que se cree que está provocada, o empeorada, por factores mentales. El término también se usa cuando los factores mentales causan los síntomas físicos, pero no hay ninguna enfermedad física".[14] Estos trastornos son creados por la mente inconsciente para distraer a la mente consciente cuando las emociones son demasiado devastadoras para manejarlas.[15] Los síntomas pueden ser temporales o problemas crónicos, si las emociones insanas nunca se liberan. El tratamiento médico tradicional enfocado en los síntomas físicos tiene muy poco éxito con la sanidad total, ya que estos síntomas por lo general tienen un origen emocional. Estos tipos de síntomas emocionales también pueden interferir en la sanidad mediante la oración (Hablaremos de esto más adelante). Uno de los mejores tratamientos es revelar y liberar las emociones de problemas de la vida estresantes del pasado y/o identificar las emociones que se experimentan al vivir con el problema actual. Las siguientes son solo algunas de las enfermedades relacionadas con el estrés que incluyen problemas físicos o emocionales:

+ dolor en la espalda baja, piernas, cuello, hombro, brazo, cabeza (migrañas)

+ trastornos que tienen que ver con músculos, tendones o problemas corporales de dolor crónico

+ sistemas gastrointestinal, circulatorio, cutáneo, inmune, cardiovascular y neurológico

+ ansiedad, pánico y trastorno obsesivo compulsivo (TOC)

---

14. Consultado en línea 18 de mayo de 2018. "Trastornos psicosomáticos", Centro para el tratamiento de la ansiedad y los trastornos del estado de ánimo, http://centerforanxietydisorders.com/treatment-programs/psychosomatic-disorders.
15. John E. Sarno MD, *The Divided Mind* (New York: HarperCollins, 2006), p. 12.

- muchos trastornos depresivos, trastornos disociativos y síntomas bipolares
- muchos problemas relacionados con el sueño, la dieta, las alergias y las adicciones

Había una mujer que había estado experimentando dolor en las rodillas por varios meses. No conseguía saber cómo comenzó su problema. Como no había un incidente u origen específico, le pregunté cómo le resultaba vivir con ese problema. Ella me dijo que se sentía limitada, atascada, incapaz de hacer algo e incapaz de avanzar en la vida. Como yo sabía que esas palabras no correspondían con su nivel de madurez y estilo de vida, el Espíritu Santo me estaba diciendo que había más problemas en su pasado (Incluso si no tienes una impresión del Espíritu Santo, puedes hacer preguntas sobre su pasado). Cuando la mujer indagó en su memoria, vio una imagen de ella siendo niña cuando sus padres eran estrictos y ponían sobre ella grandes expectativas para cuidar de sus hermanos mientras ellos trabajaban. Se dio cuenta de que aún experimentaba los sentimientos de la infancia de estar limitada, atascada, y no poder hacer nada. Cuando visualizó a Jesús de pie a su lado y protegiéndola, fue capaz de liberar esos sentimientos antes mencionados y perdonar a sus padres. Su dolor de rodilla desapareció.

EMOCIONES VINCULADAS A PROBLEMAS DEL CUERPO

La ciencia nos dice que todo está vibrando y emitiendo sonidos constantemente. La vibración es lo que hace posible que las cosas existan, y todo lo que existe está en un estado de vibración.[16] Incluso nuestro Creador hizo la primera vibración con el primer sonido cuando dijo: "Sea la luz" (Génesis 1:3), y fue la luz. Cada parte del cuerpo humano vibra en una frecuencia específica llamada *resonancia*. Según el Dr. Dennis Cousino, médico naturopático, orador internacional y fundador de Dynamic Health, si

---

16. Masaru Emoto, *The Miracle of Water* (New York: Atria Books, 2007), p. 30.

esa frecuencia de vibración está desequilibrada se produce una enfermedad como resultado de ello, y cuando el cuerpo está en un estado equilibrado saludable resuena en un equilibrio y una vibración armónicos y saludables. Sin embargo, las emociones o el estrés insano reprimido mantenido en el cuerpo producirán una frecuencia de vibración insana, lo cual produce un estado de disonancia que, básicamente, es un estado de enfermedad en el cuerpo. Emociones como tristeza, ira, frustración y celos emiten una frecuencia más baja, mientras que la expresión de amor y gozo emite la frecuencia más alta. Las palabras que hablas tienen el poder de llevar vida o muerte a tu existencia (ver Proverbios 18:21).

Ya que cada órgano y emoción tiene una frecuencia de vibración que resuena en frecuencias similares, si la emoción insana no se libera se asentará en el órgano o la zona del cuerpo que tenga una frecuencia similar. Como resultado, se puede producir una enfermedad en ese órgano del cuerpo cuando la frecuencia emocional insana fuerza a la frecuencia de vibración del cuerpo a descender por debajo de cierto punto. Por ejemplo, la frecuencia de resonancia de la emoción del temor resuena a una frecuencia similar a la del riñón. Como consecuencia, reprimir a largo plazo el temor se cree que influye en problemas de salud en el riñón. Si el riñón ya está debilitado por un achaque médico, la frecuencia insana hará que empeore la enfermedad, o puede impedir que el riñón se recupere incluso con un tratamiento médico convencional. En tales casos, la oración de sanidad puede ser menos eficaz, especialmente si el temor está dominando la fe de la persona para creer. La siguiente tabla muestra algunos de los vínculos de la emoción-órgano con la enfermedad.[17] Leerás una lista exhaustiva de los vínculos de emoción-órgano en el capítulo 15, "Conexión emocional sugerida para los problemas de la mente y el cuerpo".

---

17. Referencia: Professional Complementary Formulas, Oregon Homotoxicology Energetix International College of BioEnergetic Medicine, 2006.

RELACIÓN DE LA EMOCIÓN CON LA FUNCIÓN DEL CUERPO

ÓRGANO(S) AFECTADO(S)	CONEXIÓN EMOCIONAL
Vejiga	Temor
Vesícula	Resentimiento
Corazón	Gozo desequilibrado
Riñón	Temor
Hígado	Ira
Pulmón	Tristeza
Pineal, cerebro, sistema nervioso, hipotálamo	Desánimo
Bazo/páncreas	Preocupación
Estómago	Nervios
Tiroides, suprarrenal	Paranoia

TESTIMONIOS ADICIONALES

TRAUMATISMO CERVICAL

Hace quince años atrás, una mujer tuvo un traumatismo cervical por un accidente de tráfico, el cual le producía dolor en el cuello y migrañas frecuentes. Cuando se imaginó a Jesús con ella en el accidente, pudo sentir consuelo, aliviar el temor y perdonar al otro conductor. Dijo que ya no sentía dolor, pero aún sentía rigidez en el cuello. Cuando se imaginó el accidente de nuevo, se vio a sí misma inmóvil, sentada en el automóvil, por temor a quedarse paralizada. Cuando liberó este temor adicional, el dolor y la rigidez se fueron. Fue consciente de que su cuello se desalineó de una forma que antes no había reconocido. Oramos por su cuello y el bulbo raquídeo cinco veces, y cada vez que orábamos, el cuello mejoraba su alineación y el dolor se disipó. Cuando le llamé tres días después, me dijo que seguía sin dolor ni migrañas.

DOLOR DE ESPALDA

Tras una lesión, un hombre experimentó un dolor de bajo grado por quince años. Se daba cuenta de que la constante presión que sentía al trabajar y no relajarse había agravado su espalda aún más. Dios lo llevó atrás a un recuerdo de cuando tenía once años. Experimentó sentimientos de decepción porque nunca podía agradar o conseguir la aprobación de su papá, y eso creó una presión para ser mejor y una sensación de tristeza que lo había acompañado desde ese día. Tras imaginarse a Jesús de pie delante de él y protegiéndolo del rechazo, pudo soltar la tristeza y perdonar a su padre. Hice que el hombre cruzara sus brazos y se imaginara a Jesús dándole a ese niño pequeño un gran abrazo. Esto hizo que el hombre se sintiera amado y aceptado. El dolor de espalda, la presión y la tristeza desaparecieron sin que tuviéramos que volver a orar.

BRONQUITIS

Una mujer me dijo que le diagnosticaron bronquitis dos meses atrás y que había sido admitida en el hospital por "estropear su pulmón" por una tos severa. Incluso con varios tratamientos, incluyendo el uso de antibióticos, esteroides e inhaladores, había experimentado solo una mínima mejoría. Se quejaba de tos, dificultad respiratoria, tensión en la garganta y dificultad para tragar, lo cual había comenzado hacía seis meses atrás. Cuando le pregunté qué pasó en su vida seis meses atrás, me dijo que falleció un familiar. Tras imaginarse a Jesús con ella durante el tiempo de la pérdida, liberó la profunda tristeza y pena, que son causas emocionales frecuentes de problemas crónicos de pulmón. Cuando hicimos una pequeña oración para que Dios trajera sanidad, la mujer pudo respirar profundamente y dijo que se sentía mejor.

DOLOR DE GARGANTA Y DIFICULTAD PARA TRAGAR

Una mujer se quejaba de tensión en la garganta y dificultad para tragar. Cuando le pregunté qué estaba ocurriendo actualmente en su vida, me dijo que su esposo estaba sin empleo y que le resultaba difícil decirle nada. Cuando le pedí que recordara cuándo comenzó a tener dificultad para expresar sus sentimientos, recordó que fue cuando era una niña sentía que no tenía voz y no podía decir nada. Se sentía peor cuando sus padres se peleaban. Cuando se imaginó a Jesús protegiéndola de las peleas de sus padres, pudo liberar el dolor, la tristeza, y el temor de sentir desesperanza y de no ser capaz de expresarse. Cuando oramos para que se le aclarase la garganta, dijo que la tensión se fue y que ya no le costaba tragar.

FIBROMIALGIA

Una mujer tuvo fibromialgia por diez años, la cual le causaba dolor en todo su cuerpo de nivel 8. Dios la llevó a un recuerdo de cuando tenía seis años, se cayó a una piscina, se hundió hasta el fondo porque no sabía nadar, y tuvo temor pensando que se iba a morir. Cuando otra niña la agarró y la sacó a la superficie, pudo ver a su mamá ignorándola y rechazándola. Eso creó en ella años de sentimientos dolorosos y enojo hacia su mamá, lo cual mantenía en su interior. Cuando se imaginó a Jesús sosteniéndola y divirtiéndose juntos en la piscina, pudo soltar su dolor y su enojo, y perdonar a su mamá. En ese momento, el dolor de su cuerpo desapareció.

5

CONEXIONES EMOCIONALES CON LA ENFERMEDAD MENTAL

Una mujer de cuarenta y cinco años llamada Sarah quería oración para ser libre de toda una vida de intensa ansiedad, ataques de pánico y una mente tremendamente acelerada. El sentimiento de temor que había experimentado había sido tan debilitador durante toda su vida, que fue incapaz de terminar la escuela, tener un trabajo, estar entre multitudes, salir o concentrarse en las conversaciones. Dios reveló un recuerdo temprano de su infancia de presenciar la muerte de uno de sus padres, y después subsiguientes muertes de familiares a lo largo de su vida, lo que formó la base para sus múltiples síntomas mentales. Como resultado, Sarah recibió un diagnóstico y le trataron específicamente los síntomas de pánico y trastorno de ansiedad, agorafobia, claustrofobia y trastorno de déficit de atención (TDA), con un alivio mínimo de los síntomas y sin identificación o tratamiento de su trauma emocional de origen. Antes de orar por ella, le pedí a Sarah que imaginara a Jesús tocándole la cabeza, mientras yo ponía mi mano delicadamente sobre su cabeza, con su permiso. Usé los Pasos para la Oración de Sanidad mientras ella se imaginaba a Jesús sanando sus problemas de salud mental. Tras maldecir su trauma emocional, visual y de recuerdo, Sarah pudo irse sin ansiedad alguna, ¡y con una mente clara!

Que alguien como Sarah se acerque a ti y te pida que ores por ella puede parecer intimidante, y parece una tarea abrumadora debido a los complejos problemas psicológicos que podrían ser difíciles de identificar o liberar. Como la Iglesia históricamente no trata por norma general la sanidad emocional, y hay muy poco entrenamiento disponible, esta falta de conocimiento crea duda y miedo cuando hay que orar por una persona con problemas que tienen que ver con una enfermedad de la mente (alma). Como resultado, los problemas del alma no se identifican, lo que contribuye a un bloqueo de la sanidad y a un sentimiento de decepción para todos los involucrados cuando la sanidad no se produce. En estos casos, se puede poner demasiado énfasis sobre las causas incorrectas, como falta de fe, ataque demoniaco o pecado, lo cual solo hace que la persona afligida se sienta peor. Estos conceptos erróneos sobre la falta de sanidad provienen de un mal entendimiento de la gravedad del trauma y la sanidad de los problemas del alma. La buena noticia es que Dios creó tus emociones y tiene el mismo poder y la autoridad para la sanidad de la enfermedad emocional que para la enfermedad física. Y cuando oras, Dios te da el poder y la autoridad para *todas* las enfermedades. Al margen de lo que ocurra cuando ores, sencillamente continúa orando. Mientras más busques a Dios y ores por las personas que Él te trae, más te recompensará (ver Hebreos 11:6).

Como mencioné antes, la manera en que tus padres o tus primeros cuidadores te trataron se traduce en la formación de tu sistema de creencias, y cómo te sientes contigo mismo. La Biblia dice que tus padres tienen que instruirte en el camino por el que deberías ir, y aun cuando fueres viejo no te apartarás de él (ver Proverbios 22:6). Como resultado, el nivel de actitud, afirmación, aceptación, disponibilidad y afecto que recibiste va a ser un factor influyente en cómo te sientes y en lo que crees de ti mismo, y tu aceptación de la sanidad. Si alguien quiere oración porque tiene mucha depresión y ansiedad, pero no puede identificar un momento en su pasado en el que algo malo le ocurrió, eso es una evidencia de un trauma reprimido o un trauma sistémico de largo plazo como una forma de vida. También puede ser un desequilibrio químico que requerirá oración para que Dios reequilibre el cerebro.

Por ejemplo, quizá recuerdas alguna vez en la que tus padres te gritaron, lo cual describes como algo que te dio miedo. Puedes volver a ese evento concreto para identificar la emoción para liberar y restaurar el alma de ese trauma. Sin embargo, si tus padres tenían la costumbre de gritarte todo el tiempo, quizá no identifiques los gritos o las emociones como un problema, porque eran parte de la forma de vida de ese hogar y se convirtieron en una conducta normalizada. Como resultado, por lo general no identificarías el daño o los sentimientos de miedo como algo inusual, y no podrías identificar ninguna conducta errónea en tu infancia. Este tipo de emoción negativa constante puede ser más devastadora, porque los efectos de cómo eres tratado van más adentro hasta el centro de tu sistema de creencias e identidad. En esos casos, sencillamente pide a la persona afectada que se imagine de pequeña, de pie en su casa, y pídele que describa cómo era para ese niño crecer con sus padres en ese hogar. Después, ayúdale a soltar lo que sentía.

SANIDAD DE PROBLEMAS DE LA MENTE

Las experiencias estresantes, especialmente en la infancia, crean recuerdos marcados y, a su vez, crean dentro de ti ciertos métodos para lidiar con tus problemas que se convierten en la rutina para cómo manejarás después el estrés en tu vida.[18] Tus experiencias tempranas en la vida crean una base para cómo piensas, sientes y actúas durante el resto de tu vida, especialmente durante las situaciones estresantes. Además, como la emoción tiene una cantidad importante de poder sobre tu cuerpo físico, es una de las principales razones por las que se deben tratar las emociones cuando hay un bloqueo en la sanidad física.

Cuando no se produce la sanidad, es importante revelar y liberar la emoción negativa temprana que está bloqueando la sanidad

---

18. Kenneth R. Pelletier, *Mind as Healer, Mind as Slayer* (New York: Delta Book, 1977), p. 117.

para que Dios la reemplace por su amor y sanidad. Lo que dice la persona por la que se está orando sobre el dolor en su vida, especialmente de su infancia, es muy importante. Las imágenes y palabras que usa, el volumen de su voz y su lenguaje corporal son todos ellos factores importantes para identificar cuándo y dónde se produjo el trauma (ver el capítulo 12, Amplía tu búsqueda cuando la sanidad no se produce).

Como la enfermedad mental puede estar producida por factores genéticos, problemas durante el embarazo, cambios en las sustancias químicas del cerebro y situaciones de la vida,[19] mantente alerta ante cualquier evidencia que pudiera indicar el origen del problema. Escucha lo que te dice el Espíritu Santo y las palabras de la persona que pide oración. Pregúntale si es consciente de cuándo comenzó el problema emocional. Después, te recomiendo que sencillamente ores y mandes a la enfermedad mental o a la emoción que se vaya en el nombre de Jesús, o puedes usar los Pasos para la Oración de Sanidad. También puedes hacer alguna de las siguientes preguntas para determinar el origen de la emoción:

- ¿Cuándo comenzó tu problema emocional?
- Describe los años de tu infancia. ¿Te deprimías, sentías que no eras amado, o tenías ansiedad? ¿Te sentías vacío o quizá eras infeliz?
- ¿Tienes otros familiares que padezcan problemas de enfermedades mentales o emocionales?
- Cuando tu mamá estaba embarazada de ti, ¿estaba sufriendo abuso, miedo, depresión, etc.?
- ¿Fuiste concebido antes del matrimonio? ¿Te sentías querido como hijo?

---

19. "Mental Illness", Clínica Mayo, 13 de octubre de 2015, http://www.mayoclinic.org/diseases-conditions/mental-illness/basics/causes/con-20033813 (consultado en línea 21 de mayo de 2018).

TESTIMONIOS DE PROBLEMAS MENTALES

Los siguientes testimonios tienen que ver solo con algunos de los problemas mentales más comunes. Recomiendo que uses los Pasos para la Oración de Sanidad en tales casos para revelar la mentira, liberar el trauma original y restaurar la verdad.

Trastornos de ansiedad, ataques de pánico. Cuando hay sentimientos generales de ansiedad experimentados sin razón aparente, o durante eventos estresantes o incómodos, usa los Pasos para la Oración de Sanidad comenzando desde el Paso II para que Dios lleve a la persona afligida al punto de su vida en el que comenzaron los sentimientos y así pueda identificar el trauma original. Si el trauma original no se puede identificar, ese es a menudo un indicador de que la ansiedad comenzó muy temprano en su vida, quizá como resultado de vivir en un hogar con cuidadores ansiosos.

Había un hombre llamado Bill que había padecido constantes sentimientos de ansiedad durante toda su vida, especialmente siendo adulto cuando había cualquier clase de conflicto. Como recientemente había experimentado un conflicto con algunos miembros de la iglesia, estaba experimentando un nivel de ansiedad más alto de lo habitual. Se dio cuenta de que su historia de falta de confianza a la hora de lidiar con estas situaciones había creado la idea de que Dios no podía responder a sus oraciones. Bill decía que sentía la ansiedad en su pecho y estómago a un nivel de ocho. Dios lo llevó atrás hasta una ocasión cuando él tenía tres años y estaba en el hospital para que le realizaran una cirugía. Sus padres se fueron de la habitación por causa desconocida. El que a un niño de tres años lo dejen solo en un lugar extraño, aunque solo sea por poco tiempo, le puede crear sentimientos extremos de terror y abandono. Finalmente, sus padres regresaron a la habitación, pero durante el resto de su vida Bill cargó con el temor al abandono. Le pedí que se imaginara a Jesús entrando a la habitación del hospital mientras el niño estaba solo. Bill se imaginó a Jesús cargándolo mientras yo le ordenaba al trauma emocional y a cualquier espíritu emocional de abandono, rechazo y terror que se fuera. Declaré que el amor, la luz, la vida, el consuelo y la paz de Jesús estaban presentes. Cuando Bill se sintió seguro para soltar la emoción pasada, la ansiedad se fue y nunca regresó.

Temores. Cuando identificas los temores, como por ejemplo el temor a volar, a las multitudes, al conflicto, a enfermarte, por lo general es un indicador de un trauma anterior que hay que soltar. El temor que describe la persona afligida puede o no ser aquello que originalmente temía. Por ejemplo, uno de los temores más comunes es el temor al conflicto, que la mayoría de las veces está relacionado con recuerdos de la infancia de oír y ver un trauma. Esto incluye vivir en hogares con padres que gritaban y discutían o situaciones de temor en la infancia. Te recomiendo usar los Pasos para la Oración de Sanidad para revelar y liberar el trauma original y restaurar la verdad.

Un hombre tenía una ansiedad generalizada y desarrolló un gran temor a volar después de que un avión en el que volaba recibió el impacto de un rayo cinco años atrás. En los años posteriores, la oración no había aliviado su ansiedad, la cual describía como de nivel 5. Después de pedirle a Dios tres veces que sanara el trauma del incidente del avión, los sentimientos de ansiedad no se disipaban. Eso fue un indicador de que había un trauma anterior. Dios hizo que el hombre recordara a su mamá, quien tenía ansiedad generalizada debido a sus problemas médicos. La mamá tenía miedo y era excesivamente protectora, mostrando ansiedad por todo. Usando los Pasos para la Oración de Sanidad, el hombre se imaginó a Jesús protegiéndolo de niño. En ese momento fue capaz de liberar el temor de la infancia y darse cuenta de que eran los temores de su mamá los que le afectaban, y no su propio temor. El hombre entonces fue capaz de soltar todo temor adicional relacionado con el incidente del avión, y después dijo que dejó de tener miedo a volar.

Depresión. Esto incluye sentirse triste, pesimista y desmotivado, y a menudo conlleva trastornos del sueño y un cambio de humor persistente y/o apatía. Si la persona afectada quiere oración por la depresión, pídele que describa los síntomas de la depresión y usa los Pasos para la Oración de Sanidad, comenzando desde el Paso II, para que Dios revele cuándo comenzó ese sentimiento y poder soltar el asunto traumático. Como los síntomas de la depresión pueden estar relacionados con un desequilibrio químico, ora también para que Dios reequilibre la mente.

Trastorno obsesivo compulsivo (TOC). Esto puede incluir rituales o pensamientos repetitivos, ideas o impulsos no deseados que llegan repetidamente a la mente, o la necesidad de terminar ciertas acciones, como lavarse las manos, contar, revisar, acaparar o arreglar, para reducir los síntomas de la ansiedad. Cuando una persona tiene TOC, le pido que se imagine a sí misma de pie en el umbral de la puerta mirando hacia un hogar desarreglado. ¿Cómo se sentiría si no se le permitiera limpiar u ordenar las cosas? Por lo general, la persona dirá que se siente descontrolada, ansiosa, abrumada, frustrada o bajo presión. En ese momento, uso los Pasos para la Oración de Sanidad, empezando con el Paso II, para que Dios lleve a la persona al momento en el que comenzó el TOC, y para que suelte cualquier emoción similar del pasado que pudiera haber creado el problema insano de adulto.

Ira. Esto puede incluir arrebatos, enojo al manejar, irritación, pataletas de adulto (dar portazos, golpear paredes, tirar las cosas, trato del silencio), expresión inapropiada de palabras o conductas, etc. Pide a la persona que piense en una situación actual que le hizo enojar. Usa los Pasos para la Oración de Sanidad, empezando con el Paso II, para que Dios lleve a la persona a ese momento en el que comenzó el sentimiento, y para liberar cualquier emoción pasada que pueda haber creado el problema de adulto.

Indignidad. La creencia general de no ser lo suficientemente bueno, querido, de no sentirse atractivo, de ser estúpido, etc.

Pregunta a la persona afectada qué siente cuando experimenta estas creencias. Usa los Pasos para la Oración de Sanidad, comenzando con el Paso II, para que Dios le haga retroceder hasta ese momento en el que comenzó a tener esos sentimientos, para liberar cualquier emoción del pasado que pueda haber creado el problema de adulto.

ESCUCHA ACTIVA

Las personas heridas se animarán más a expresar sus sentimientos cuando se sientan seguras y cómodas mediante el siguiente proceso de escucha activa:

- Demuéstrale interés; mira a la persona a la cara mientras escuchas su historia.

- Toque afectivo; si es apropiado, toca el hombro de la persona, la parte superior del brazo o la zona de la espalda para mostrar compasión y ánimo.

- Valida la emoción; repite lo que has escuchado, o comenta la emoción que ves en el rostro de la persona. Usa frases sencillas, como: "Me parece que sentías miedo cuando...", o "Parece que te embarga la tristeza cuando...".

- Usando su emoción como un punto de acceso a la sanidad al validar a la persona que estás escuchando, pregúntale si está preparada para ser libre de esas emociones. Puedes comenzar usando los Pasos para la Oración de Sanidad.

CÓMO CALMAR A ALGUIEN ABRUMADO POR LA EMOCIÓN

La meta de la oración de sanidad es permitir que Jesús sane la enfermedad, no repetir todos los detalles del trauma. Sin embargo, cuando la persona por la que se ora está abrumada por la emoción, pídele que se imagine a Jesús (o a otra persona de confianza) de pie a su lado, creando un entorno seguro para liberar la emoción del pasado. La siguiente es una lista de cosas que hacer y que no hacer para ayudar a la persona en medio de sus emociones.

QUÉ HACER:

- Usa la escucha activa, como mencioné arriba, añadiendo comentarios de reafirmación, como: "Lo estás soltando muy bien", "Estás en un lugar seguro donde puedes compartir tus sentimientos", o "Vas a estar bien; estos son sentimientos antiguos que finalmente están saliendo".

- Ten en cuenta otras barreras que puedan salir a la superficie, como culpa, temor, pecado y guerra espiritual, pues todo esto puede crear más emociones.

- Haz que la persona mantenga sus ojos abiertos y reafírmale que está en un lugar seguro donde poder compartir sus sentimientos. Mientras libera los sentimientos de traumas del pasado, afírmale de nuevo, usando frases como: "Estas son emociones de heridas del pasado", "Es el momento de dejar que salgan" y "Ahora estás en un lugar seguro".

QUÉ NO HACER:

- No supongas automáticamente que la liberación de excesivas emociones es pecado, un ataque espiritual o una manera de sabotear tus esfuerzos.

- No te tomes como personal lo que diga la persona; hacerlo solo confirma tus propios problemas del alma.

- No tengas miedo ni te dejes abrumar pensando que no tendrás éxito o que no sabrás qué decir.

- No grites ni levantes tu voz, creyendo que tienes que ser más poderoso. Esto puede hacer que la persona que tratas sienta miedo o decepción y pierda su confianza en ti.

- No le digas a la persona que tiene falta de fe, problemas demoniacos o un problema de pecado.

Una cantidad excesiva de emoción, como llorar o sollozar de forma histérica, a menudo es la liberación de antiguos traumas y dolores emocionales, en lugar de un síntoma de espíritus demoniacos. (Todavía tienes la opción de usar oraciones de guerra espiritual en caso de que realmente *haya* que liberar espíritus demoniacos). Cuando estas emociones del trauma salgan a la superficie, continúa reafirmando a la persona diciéndole que se imagine a Jesús protegiéndole al estar de pie entre la persona y el trauma. En resumen, usa los siguientes pasos para ayudar a alguien con emociones desbordadas:

1. Reafirma a la persona con una escucha activa y validándola.
2. Recuerda la lista de Qué hacer y Qué no hacer.
3. Al nivel de sus ojos, siéntate frente a la persona afligida. Si está en un estado de histeria, asegúrate de que te mira. Di cosas como: "Mírame. Escucha lo que te voy a decir. Veo que tienes mucho miedo en este instante, pero estás en (tu ubicación) hablando conmigo. La persona de la que tienes miedo no está aquí. Mira dónde estás. Ahora estás en un lugar seguro. Repite después de mí: 'Estoy en (tu ubicación). No estoy con esa persona. Estoy a salvo'". Vuelve a la imagen de Jesús estando con la persona mientras continúas con los Pasos para la Oración de Sanidad.
4. Si la persona afectada se pone peor, o si detectas guerra espiritual, tienes la opción de atar y ordenar a cualquier espíritu demoniaco que se vaya, romper maldiciones generacionales, o reprender a las fortalezas del mal y declarar paz y la sangre de Jesús sobre la persona (ver el capítulo 10 para oraciones sugeridas). También puedes consultar el libro *Finding Victory When Healing Doesn't Happen* (Encuentra la victoria cuando no se produzca la sanidad) y leer la sección titulada "Spiritual Warfare" (Guerra espiritual) para más detalles sobre cómo identificar y orar por los espíritus demoniacos.

ESCOGER LA SANIDAD CON LA LIBERACIÓN EMOCIONAL Y/U ORACIONES DE GUERRA ESPIRITUAL

Como leíste en el capítulo 2, cuando se produce un evento no saludable física o emocionalmente, el trauma emocional creará una situación debilitada en el cuerpo y en la mente. Desde un punto de vista espiritual, mientras más vivas en ese estado insano, más oportunidades tendrán los espíritus malignos de aprovecharse de ese estado debilitado pegándose al trauma, empeorando tu dolor y sufrimiento.

Los espíritus malignos siempre están buscando una manera de atacar (ver Juan 10:10), y un trauma puede ser una puerta que permite que el espíritu maligno entre si no obtienes sanidad para el trauma. Cuando liberas el dolor del trauma emocional y físico, disminuyes las oportunidades de tener un tormento adicional de parte de los espíritus malignos apegados a ese trauma, y cierras la puerta a que el mal se aproveche de ti. Más importante aún, si crees en Jesucristo, tú ya eres libre (ver Gálatas 5:1) del mal y las tinieblas (ver Colosenses 1:13), porque Jesús es el camino, la verdad y la vida de la muerte y el pecado (ver Juan 14:6). Esto significa que ya eres libre de espíritus malignos, que estás lleno de su Espíritu (ver 1 Corintios 3:16) y que estás protegido del mal, a menos que se abra una puerta debido a un trauma y la emoción de ese trauma se acumule en el interior. No estoy diciendo que serás influenciado por espíritus malignos siempre que experimentes un trauma; sin embargo, mientras más retengas las emociones dañinas, más oportunidades habrá para algún tipo de ataque.

Como la Iglesia tradicionalmente no trata las emociones en la oración de sanidad, la mayoría de los ministros de oración no hacen preguntas lo suficientemente profundas, lo que me gusta llamar "ampliar la búsqueda", para descubrir el evento original que creó el trauma. Como resultado, si la sanidad no se produce y el problema físico persiste, los espíritus demoniacos a menudo se tratan como el punto focal, en lugar de tomar el tiempo para revelar los asuntos traumáticos originales que permitieron que los espíritus entraran. Por consiguiente, cuando el trauma emocional es el problema original y la principal barrera, si comienzas el proceso de sanidad con oraciones de guerra espiritual demoniaca, quizá sientas algo de alivio y libertad, pero no experimentarás la liberación total de los problemas emocionales dañinos. Como resultado, los espíritus demoniacos pueden regresar, volver a agarrarse a la emoción y empeorar la situación.

Es importante descubrir y liberar el trauma original, perdonar al ofensor y reemplazar el daño con el amor de Jesús, lo cual cierra la puerta del trauma y restaura de nuevo tu alma a su estado original de libertad. Si el espíritu maligno se aferra a la emoción del trauma físico, ese espíritu se puede arraigar y esparcirse a otras áreas de tu vida. Recuerda que, si eres creyente, ya tienes todo el poder y la autoridad de Jesús (ver Hechos 1:8; Colosenses 2:9-11). Por lo tanto, cuando liberas la raíz emocional, el espíritu maligno a menudo caerá automáticamente, porque no tiene nada a lo que aferrarse. Sin embargo, si te aferras a la emoción insana y el espíritu tiene permiso para arraigarse y esparcirse, puede que necesites también usar tu autoridad en el nombre de Jesús para ordenar a cualquier espíritu maligno que se vaya (ver el capítulo 10 para leer oraciones).

Tony me pidió que orase por su ansiedad, inseguridad, confusión y pavor, algo que había experimentado por muchos años en su vida; sin embargo, estos sentimientos habían empeorado desde que recibió una ministración de liberación. A Tony le dijeron que tenía un espíritu controlador que estaba causando ansiedad y tormento en su interior. Cuando Tony describió sus sentimientos de temor y pavor, confirmó mi idea original de que, aunque había un apego espiritual a ese tormento, sus problemas antes mencionados fueron originados por un trauma emocional no resuelto del pasado y no por un asunto espiritual de índole demoniaca. Supe que tenía mayormente una base emocional, porque sus palabras descriptivas eran similares a las de un niño indefenso, y la ministración que recibió no trató esa emoción.

Sintiendo que tenía más temor por su propio bienestar espiritual, especialmente el hecho de que pudiera estar poseído, inmediatamente le aseguré que sus problemas estaban basados en emociones no resueltas, no necesariamente en una posesión demoniaca. Cuando oramos y usamos los Pasos para la Oración de Sanidad, Dios de inmediato llevó a Tony de regreso a su infancia y a un padre que era controlador y abusivo. Cuando se sintió protegido al imaginarse a Jesús de pie delante de él siendo un niño, pudo reconocer la fuente de sus temores y perdonar a su padre. De inmediato, el sentimiento de temor y tormento fue liberado y sintió una libertad total. Tony finalmente se dio cuenta de que su sentimiento de tormento era la acumulación de sentimientos experimentados a lo largo de su infancia, y que el espíritu maligno tan solo había empeorado su pavor.

He descubierto una vez tras otra que entrar en la oración de sanidad revelando el pecado y/o la emoción que causó el trauma original ha tenido éxito a la hora de obtener una liberación permanente y restaurar el cuerpo y el alma, con poca o ninguna interferencia demoniaca. Sin embargo, si da la cara algún espíritu maligno, tienes la autoridad en Jesús para decirle que se vaya. Cuando liberas el pecado, la emoción o las creencias negativas, las fuerzas demoniacas no tienen pie ni razón para apegarse. Puedes reclamar tu herencia como cristiano que es libre por lo que Jesús ha hecho por ti. Este enfoque directo es eficaz para una resolución rápida de los problemas originales, y aumenta la oportunidad de un resultado de sanidad permanente. Te recomiendo que tu enfoque y tus palabras sean principalmente sobre Jesús y, si es necesario, uses su autoridad para ordenar a cualquier cosa mala que se vaya. Como resultado, esto no dará al mal la oportunidad de obtener derecho alguno sobre nadie, o sobre nada, a quien estés ministrando.

6

CUANDO NO HAY RAZÓN ALGUNA PARA LA ENFERMEDAD O EL PROBLEMA

Un hombre vino a verme porque llevaba seis semanas preocupado por un incómodo bulto en la garganta. Me dijo que se sentía como si tuviera una bolita de algodón atascada en ella. Un examen médico no pudo diagnosticar la causa. Él negaba haber experimentado algún estrés en concreto en el momento en que apareció el bulto. Cuando le dije que el origen emocional a menudo se debía al sentimiento de no tener voz alguna, el Espíritu Santo lo llevó a un recuerdo del pasado en el que había sido herido y se había enojado cuando no lo contrataron para un empleo que había solicitado. Cuando liberó su enojo, la incomodidad de la garganta disminuyó a la mitad. Después recordó sentirse enojado e indefenso al no poder decir ni hacer nada con respecto a un incidente durante su infancia. Cuando se imaginó a Jesús de pie entre él y sus padres, el hombre se sintió protegido por Jesús y pudo liberar el enojo y perdonar a sus padres. La sensación de tener un bulto en la garganta desapareció con una sencilla oración.

Al igual que este hombre, si ignoras tus sentimientos con respecto a las circunstancias de la vida, te acostumbrarás tanto a los sentimientos dañinos que no reconocerás que existen o por qué te sientes así. Sin embargo, tu mente y tu cuerpo seguirán enviando mensajes sobre emociones dañinas que están causando tus problemas físicos poco saludables. Como mencioné previamente, cuando has estado aferrado a una emoción durante un tiempo considerable, se asentará en el órgano o el área del cuerpo que experimenta una condición debilitada. Esto crea un estado de falta de armonía en esa zona del cuerpo, lo cual puede convertirse en un estado de enfermedad.

Los tratamientos médicos tradicionales que se enfocan principalmente en los síntomas físicos o mentales como fuente principal del problema suelen tener poco éxito en cuanto a la sanidad duradera, cuando no se trata la emoción reprimida o no resuelta desde el trauma original. Mientras más tiempo se emplea en los intentos infructuosos de la sanidad tradicional, mayor es el potencial de que se establezca la duda de que la sanidad es posible. Como resultado, hay un cambio de pensamiento, actitud y conducta, porque el problema consume tu vida y sientes que no hay más opciones. Para vivir con la enfermedad a largo plazo, tu identidad y tus patrones diarios de vida se adaptan a los síntomas, lo que incorpora lentamente la enfermedad a tu identidad. Te adaptas a ella como una manera de lidiar y sobrevivir con una situación terrible sobre la que no tienes control.

Cuando le pido a alguien que padece una enfermedad física desde hace mucho tiempo, que hable de sus dolores emocionales, a menudo no ve la conexión emocional con la enfermedad y, por lo tanto, cree que debe seguir sufriendo con su enfermedad. Una de las razones de escribir este libro es la de dar respuestas para personas desesperadas que no saben por qué tienen una enfermedad o un síntoma y por qué no están siendo sanados.

INDICADORES DE QUE LAS EMOCIONES SON BARRERAS PARA LA SANIDAD

Cuando la sanidad no se produce, los siguientes problemas de la mente y del cuerpo (extraído del libro *Finding Victory When*

Healing Doesn't Happen (Encontrar la victoria cuando la sanidad no se produce) son indicadores de que las emociones podrían ser barreras para la sanidad:

+ Lesiones que producen dolor e incomodidad que vienen y van con muy poca o ninguna razón.

+ Achaques y dolores que aparecen sin causa conocida, y cualquier dolor e incomodidad que viene y va con muy poca o ninguna razón.

+ Problemas crónicos de larga duración que no mejoran con varias modalidades de tratamiento; (otras causas para los problemas crónicos pueden incluir problemas como reacciones a los medicamentos, alergias y aditivos alimentarios, además de problemas ambientales como campos eléctricos, campos magnéticos y frecuencias de radio, teléfonos celulares, wifi, moho, etc.).[20]

+ Cuando se tiene el sentimiento de que alguien te ha herido, o de que alguna persona o entidad te ha causado algún daño, incluyendo la iglesia, el lugar de trabajo o la escuela (más evidente cuando hay frases indicativas sobre injusticia, haber sido tratado injustamente, ira, dolor, un deseo de venganza o rencor).

+ Cuando las reacciones emocionales o la descripción sobre el problema se verbalizan como si el incidente hubiera sucedido la semana pasada, cuando en realidad ocurrió hace un año o más.

+ Cuando hay un historial personal de abuso físico, mental, emocional, sexual, espiritual y económico, o haber presenciado eventos traumáticos como un incendio en el hogar, un accidente, un trauma en el servicio militar, y la pérdida de un familiar emocionalmente cercano o una mascota.

---

20. Para más información con respecto a los obstáculos medioambientales y electrónicos, visita www.createhealthyhomes.com.

- Cuando se experimentan situaciones estresantes de larga duración y/o traumáticas relacionadas con situaciones médicas, físicas, económicas, ocupacionales o emocionales.

Si cualquiera de los indicadores antes mencionados está presente, ora para que el Espíritu Santo revele a la persona afligida qué problemas emocionales y físicos se deben tratar primero. Después, usa los Pasos para la Oración de Sanidad con lo que se haya revelado. Puede que algunas personas no consideren que los indicadores antes mencionados son un problema, y hasta quizá crean que ya han "solucionado" su trauma, especialmente si han pasado por pasos de perdón o han asistido a algún seminario de sanidad. Aunque puede que se haya producido algo de sanidad, las personas por lo general no se toman el tiempo, o no tienen la experiencia y la oportunidad, de trabajar a través de las múltiples capas de la emoción. Además, mientras más traumático haya sido el evento y más tiempo hayan estado suprimidas las emociones, más se convertirá en una normalidad la forma en que se sienten, lo cual solo hace que sea más difícil identificar las emociones y el trauma. Por lo general, cuando la persona tiene una respuesta rápida, como: "Sí, ya he lidiado con eso" o "Ya les he perdonado", y no hace referencia alguna a experimentar liberación emocional, es menos probable que la emoción haya sido liberada a un nivel más profundo. Te recomiendo que le digas a la persona en cuestión: "No importa qué ministración hayas tenido en el pasado, mantente abierto a donde Dios te lleve, como si nunca hubieras experimentado una oración de sanidad". Después comienza a orar para que el Espíritu Santo revele los problemas emocionales o físicos. (Esto se debe usar con los Pasos para la Oración de Sanidad).

Una nota importante es que, si la situación o emoción traumática parece ser mayor que el conocimiento y la experiencia del ministro que ora, o si hay más de lo que la persona afligida quiere expresar, recomiendo referir a la persona a un ministerio de sanidad o consejero cristiano para revelar y liberar problemas más profundos.

OTRAS CAUSAS DE LA EMOCIÓN REPRIMIDA

A continuación, tenemos una lista de influencias adicionales que pueden causar la represión de la emoción de formas que quizá no reconozcas. Cuando estas influencias están en tu vida, puede que tengas una mayor dificultad para recibir la sanidad.

- Dieta: alimentos como el azúcar y la sal pueden provocar cambios de estados de ánimo, depresión, ansiedad, y otros trastornos.

- Depresión: síntomas de depresión pueden ser la tristeza, una emoción reprimida, aislamiento, hábitos alimentarios y patrones de sueños malos o excesivos, cambios agudos de estado de ánimo, pensamientos de suicidio o pensamiento híper/ maniaco.

- Medicación: efectos secundarios de la medicación pueden causar cambios de humor, ansiedad, somnolencia y cambios en los hábitos dietéticos y de sueño.

- Privación del sueño: la falta de sueño puede causar síntomas como alteración del juicio, malas habilidades de concentración o comunicación, tiempos de reacción más lentos, olvido y un bajo umbral para expresar la emoción negativa.

- Trastorno de déficit de atención (TDA): los síntomas pueden incluir dificultad para expresar los sentimientos, un escaso rango de atención, propensión a la distracción, no poder enfocarse en una conversación y una mala comunicación.

- Religión: cualquier tradición de fe que desaliente la expresión de emociones.

- Trastornos de la personalidad: forma de vida o personalidad impasible, o emocionalmente atascada.

- Entorno del hogar: vivir con un cónyuge, padre o hermano que sea impasible y/o desaliente la sana expresión de las emociones.

- Violencia doméstica: aumenta el nivel de estrés, ansiedad y depresión (ver el capítulo 10: "Consejos prácticos para llegar a la sanidad", para más detalles sobre la violencia doméstica).

7

ESPÍRITU, ALMA, CUERPO Y SANIDAD

CÍRCULO ESPÍRITU/ALMA/CUERPO

Como persona de fe que conoce a Jesús en su corazón, estás compuesto de tres partes: espíritu, alma y cuerpo (ver 1 Tesalonicenses 5:23). A lo largo de tu vida deberías crecer continuamente renovando tus pensamientos y acciones (ver Romanos 12:1-2) hacia la meta de ser más como Cristo. Cada parte es importante en el proceso de sanidad. Explicaré cada una de ellas.

ESPÍRITU

Cuando aceptas a Jesús en tu corazón deberías vivir tu vida mediante el Espíritu de Dios. Tu espíritu es el centro o núcleo de tu ser, la parte de ti que da vida (ver Santiago 2:26). Tu espíritu no se puede ver o sentir, y está totalmente rodeado por tu alma. Cuando oras en tu espíritu, y piensas y sientes las oraciones a través de tu mente y tu corazón (tu alma), estás alineando tu alma y tu espíritu para que experimenten la vida en la presencia de Dios. Esto significa que, cuando oras desde el espíritu para que Dios sane, estás alineando tu alma con la vida sobrenatural y la autoridad del espíritu para conectar con el cuerpo.

ALMA

El alma está compuesta de tres partes: mente, voluntad y emociones. Tus creencias y emociones vienen a través de tu alma. Incluso Jesús expresó sus emociones en frases como: *"Mi alma está muy triste, hasta la muerte"* (Mateo 26:38) y *"Ahora está turbada mi alma"* (Juan 12:27).

Dios te ha dado una mente con libre albedrío. Por amor y respeto hacia ti, Dios no te quitará nada de lo que te dio como un regalo. Siempre que estés herido, eres capaz de escoger qué hacer con las emociones que se generan en tu interior. Puedes decidir cómo expresar tus sentimientos, cómo sentirte contigo mismo, y qué creer sobre la autoridad de Dios y su promesa de sanar. Por consiguiente, todas estas decisiones darán como resultado si eres sanado o si retienes tu enfermedad. Pero si también cargas un trauma emocional que está contribuyendo a la causa de tu problema físico, Dios puede sanar el trauma. Si no estás listo para revelar y liberar las varias capas de emociones, Él permitirá que continúes cargándolas y se convertirán en una barrera para tu sanidad. Yo he experimentado a Dios sanando todo de una vez, con una sencilla oración. Y otras veces, las enfermedades solo se sanan a medida que se va liberando cada capa.

Como persona emocional que eres, si te aferras a las heridas del alma por mucho tiempo, estas pueden llegar a ser parte de tu identidad. Sin embargo, Dios quiere que seas libre, y que nunca dejes de pedirle que te revele y libere cualquier cosa que esté bloqueando tu sanidad. Esta es también la razón por la que puedes sentir el amor y el gozo de Dios en tu espíritu, mientras sigues cargando traumas sin resolver y enfermedades (ver Gálatas 5:22). Como tu oración desde el espíritu debería estar alineada con el alma, tus oraciones de sanidad se pueden ver obstaculizadas si el alma (tu mente, voluntad y emociones) está llena de problemas no resueltos.

Cuando vi a una amiga con un brazo escayolado, le pregunté si podía orar con ella. Ella me contó su grandísimo malestar por haberse caído sobre su brazo mientras estaba de vacaciones. Se había fracturado la muñeca y sentía un dolor constante de nivel 9. Le pedí a Dios que sanara la fractura y reprendí al dolor, lo cual redujo el dolor a nivel 5. Cuando oramos unas cuantas veces más, el dolor no bajó de nivel 4. Tuvimos que dejar de orar en ese momento, así que le dije que Dios oyó nuestras oraciones y que fuera persistente creyendo en su sanidad. Ella me dijo que, durante la noche, creyó constantemente que Dios se llevaría el dolor, y mientras seguía pensando que el dolor no tenía autoridad en su vida, se dio cuenta de que ya no tenía dolor. Se hizo otra radiografía a los pocos días, y los doctores le dijeron que no veían la fractura. Fue sanada por completo.

CUERPO

No hablo del cuerpo para referirme específicamente a tu cuerpo físico, sino más generalmente a cómo te relacionas con el mundo a través de los cinco sentidos naturales del tacto, olfato, gusto, vista y oído. El pensamiento del mundo (la perspectiva secular o científica) puede ver los resultados de la oración mediante tu habilidad, conocimiento, hechos, y los cinco sentidos para determinar el resultado de las oraciones. Esto limita tu creencia a solo lo que es lógico, usando solo tus ojos y terminaciones nerviosas en lugar de usar tu fe en lo invisible (ver 1 Corintios 4:18).

El *pensamiento del reino* es cuando ves la sanidad en base a la naturaleza espiritual, enfocándote en lo que Jesús haría en lugar de hacerlo en lo que solo tú puedes hacer. Por eso, cuando confías en los hechos y en lo que ves, no estás usando tu fe. La fe tiene que ver con creer algo que es imposible para ti, pero que es muy posible para Dios. Por ejemplo, como tus enfermedades y creencias internas no determinan la realidad del poder de Dios, el pensamiento del reino es creer en lo invisible y vivir por fe en lugar de vivir por lo que ves o sientes en lo natural. Jesús vivió en el mundo, pero no definió su realidad por el mundo. Su realidad está viviendo en la esfera celestial invisible e infinita, donde nada es imposible (ver Lucas 1:37). En esencia, cuando creas como Jesús vivirás por fe, y orarás creyendo que lo imposible es posible.

En el supermercado, una mujer delante de mí caminaba con una cojera muy notable. Le pregunté si sentía dolor en su pierna. Me dijo que su rodilla izquierda había empeorado en el último año, con un dolor de nivel 7. Ya le habían reemplazado los dos hombros y la rodilla derecha, así que no quería volver a pasar por otra cirugía. Le dije que yo había orado por personas con dolor de rodilla y que Dios les había quitado el dolor. Ella respondió: "¿De veras?, ¡vaya!". Le pregunté si podía orar por su rodilla, y ella respondió: "¡Claro!". Puse mi mano sobre su hombro, y dije: "Dios, tú amas a esta mujer, y ella no quiere pasar por otra cirugía. Tu prefieres que ella dependa de ti. Así que, ahora mismo, ato la artritis y echo fuera al espíritu de dolor. Sánala y haz que crezca el cartílago en su rodilla".

Después le pregunté qué sentía. Ella dijo que solo sentía dolor cuando caminaba. Le pedí que le diera gracias a Jesús por su sanidad y que diera unos pasos en fe. Ella caminó con una sonrisa en su rostro. Su dolor era ahora de nivel 4. De nuevo, hice una sencilla oración para que Dios trajera más sanidad, y para que el dolor se fuera. Después le pedí que volviera a caminar. El dolor ahora era de nivel 2. Una vez más, hice una oración corta, de una frase, para que el dolor remitiera y pidiendo más sanidad. Ella estaba sorprendida. "¡Vaya!", exclamó. "Ya no siento ningún dolor". Le dije que era porque Dios la amaba. Le di gracias a Dios y le enseñé sobre cómo mantener su sanidad (Hablaré más sobre esto en el capítulo 14). Cuanto más animas a las personas a "practicar" su sanidad actuando en fe, más les recompensa Dios con sanidad, y más fe tienen ellas para mantener su sanidad.

CUANDO TE AFERRAS A TUS EMOCIONES

Dios escucha tus oraciones. Él puede sanar a cualquiera en cualquier momento, y Él quiere que seas sanado. Sin embargo, Dios también creó tu mente, voluntad y emociones (tu alma) y te dio la libertad de escoger cómo tratar tus emociones. Él permitirá que mantengas emociones dañinas si esa es tu decisión. Oirás a personas decir que quieren sanidad, pero no se dan cuenta de su necesidad inconsciente de aferrarse a emociones dañinas, especialmente si estas suplen una necesidad o es la manera en que aprendieron a vivir la vida. Por ejemplo, quizá no reconozcas tus respuestas defensivas, ni oigas tu tono enojado, ni sientas tu miedo al conflicto, especialmente si estas conductas han sido parte de ti desde tu infancia. Con los Pasos para la Oración de Sanidad puedes revelar y liberar asuntos dañinos del alma.

DIOS QUIERE QUE SEAS SANADO

En primer lugar, Dios te ama tanto que quiere que seas sanado por completo, no solo parcialmente sanado. En segundo lugar, Dios conoce tus necesidades, y es más consciente de lo que tienes que soltar. En tercer lugar, Dios quiere que lo conozcas personalmente, y que pases más tiempo escuchándole que pidiéndole. Como resultado, si la sanidad no se produce, puedes aprender a ampliar tu búsqueda del trauma emocional que quizá esté bloqueando tu sanidad.

Durante doce años, una mujer había sufrido dolor de mandíbula (TMJ, disfunción de la articulación temporomandibular por sus siglas en inglés), tensión y rigidez de cuello y dificultad para abrir y cerrar su mandíbula. Padecía insomnio, dolor de cabeza y frecuentes migrañas. Oraciones en el pasado y varios tratamientos no pudieron aliviar el dolor, y para empeorar las cosas, también tenía un trauma emocional tras intentar poner fin a una relación abusiva.

Cuando le pregunté qué suponía para ella vivir así, me dijo que era tenso, que le daba miedo, que era doloroso y abusivo. Cuando oramos para que el Espíritu Santo revelara cuándo se había sentido así antes, Dios trajo a su mente una imagen que representaba el dolor por el abuso de sus padres. Le pedí que se imaginara a Jesús protegiéndola al estar de pie entre ella y sus padres. Cuando ella se sintió segura con Jesús, pudo soltar el trauma emocional, el trauma físico y perdonar a sus padres, haciendo que fuera posible ser completamente libre de dolor, sin tensión y con un movimiento completo del cuello y de la mandíbula.

JESÚS LIBERA EMOCIONES EN ORACIÓN

Como hombre, Jesús incluso expresó sus emociones para producir la sanidad. Justo antes de pasar tiempo orando en el huerto de Getsemaní, Jesús dijo a sus discípulos: *Mi alma está muy triste, hasta la muerte* (Mateo 26:38). Cuando Jesús soltó esta emoción extrema de agonía e intenso temor fue capaz de seguir orando, diciendo: *Padre mío, si no puede pasar de mí esta copa sin que yo la beba, hágase tu voluntad* (v. 42). Sabemos cuán extrema era la emoción en Jesús durante ese tiempo de oración, ya que Lucas el médico escribe: *Y estando en agonía, oraba más intensamente; y era su sudor como grandes gotas de sangre que caían hasta la tierra* (Lucas 22:44). La intensa agonía que hizo que Jesús experimentara sudar sangre es una enfermedad médica llamada *hematidrosis*, en la que los vasos liberan sangre a través de las glándulas sudoríparas al sufrir un estrés y agonía intensos. Como Jesús estaba experimentando problemas físicos humanos, sería difícil para cualquiera tomar decisiones lógicas durante un tiempo tan emocional. Parecería entendible que Jesús no fue capaz de tomar la decisión de cumplir la voluntad de su Padre hasta haber liberado la emoción extrema que le hizo sudar sangre. Quizá no hayas experimentado algo tan traumático como lo que sufrió Jesús, pero Dios también quiere que sueltes las emociones dañinas para mejorar tu capacidad de oírlo a Él para tomar decisiones más saludables en la vida.

LIBRE ALBEDRÍO PARA EXPRESAR LAS EMOCIONES

Como Dios te creó con libre albedrío, tienes la libertad de tomar tus propias decisiones. Mientras más te aferres a emociones dañinas, más superarán estas tu capacidad para tomar decisiones lógicas y te impedirán creer en tu propia sanidad. La lógica y la emoción tienen que trabajar juntas para crear valor e importancia con decisiones de vida equilibradas. Por ejemplo, si de adulto experimentas una ansiedad intensa siempre que alguien alza su voz, puede ser evidencia de que estás operando principalmente a base de emociones de la infancia, en lugar de formar una reacción adulta que involucre tu lógica. Esto significa que tus emociones (y no tu lógica) son la fuerza motriz en cuanto a cómo reaccionas a situaciones estresantes. Si estuvieras usando tu lógica, reconocerías que esas personas están en conflicto o alzando su voz por sus propios problemas de inmadurez, y te darías cuenta lógicamente de que hay menos razón para el temor. Si tienes una reacción emocional mayor de lo necesario dadas tus circunstancias actuales, eso es evidencia de que aún estás viviendo a base de emociones negativas no resueltas que hay dentro de la naturaleza de tu alma. A menudo, estas emociones se crean muy temprano en la vida y se mantienen dentro hasta que llegan a formar parte de tu reacción normal. Con el tiempo, estas emociones y creencias dañinas pueden volverse tan reales que se incorporan a tu identidad y a tu manera de operar.

Tu manera de alinear tu pensamiento puede determinar el resultado de tu sanidad. Si alineas tu pensamiento entre tu alma y tu cuerpo, lo que sientes físicamente y ves en el mundo dependerá solamente de tus sentidos naturales, y estarás limitado a esos sentidos y creencias para determinar tu sanidad. Si, por el contrario, alineas tu pensamiento entre tu alma y tu espíritu, tendrás posibilidades ilimitadas, porque tu creencia en la sanidad se alineará con lo que Dios puede hacer, al margen de lo que sientas o de cómo te sientas (ver Efesios 1:3). En los siguientes capítulos, aprenderás más sobre cómo obtener lo que Dios quiere que tengas, y cómo revelar y liberar emociones dañinas.

8

¿POR QUÉ ES DIFÍCIL CREER EN TU AUTORIDAD PARA SANAR?

En mis primeros años de orar por sanidad no me daba cuenta de lo mucho que me costaba creer que tenía la autoridad de Dios para sanar a otros. Si alguien pedía una sencilla oración de ánimo por un dolor de garganta, yo oraba, esperando que Dios interviniera. Sin embargo, si alguien se acercaba a mí en una silla de ruedas, experimentaba por dentro cierto pánico, y quizá la inmediata necesidad de ir al baño o querer que alguien más me ayudara a orar. Me faltaba la seguridad en mí mismo cuando alguien me pedía orar. Incluso después de haber orado, me preguntaba si había dicho o hecho lo correcto. Sabía que este pensamiento no era correcto, ya que el poder y la autoridad de Jesús son iguales para un dolor de garganta que para alguien que está en una silla de ruedas, pero era como si no pudiera deshacerme de mi inseguridad sobre si Dios verdaderamente actuaría a través de mis oraciones.

Al crecer en la iglesia, oía que se hablaba sobre la ira y el amor de Dios, pero no se decía que cuando aceptas a Jesús en tu corazón recibes la plenitud de todo lo que Él tiene (ver Juan 1:16). Muchas personas no se dan cuenta de que, cuando Jesús murió, tu vieja naturaleza murió con Él y te convertiste en una *nueva criatura* (ver 2 Corintios 5:17). Por lo tanto, cuando pides perdón y aceptas a Jesús en tu corazón, eres libre de tus pecados pasados. Y como nueva criatura que eres, recibes su Espíritu completo para que *viva* en ti (ver 1 Corintios 3:16). Esta es una magnífica noticia. Significa que tienes el mismo poder y autoridad que tiene Jesús para pedir a Dios que sane. Sin embargo, si te cuesta creer en la autoridad de Dios, hay un asunto mayor con el que debes tratar. El asunto no tiene que ver con Dios, sino con tu propia dificultad para creer. Si sientes que no eres lo suficientemente bueno, que eres indigno, dubitativo, incapaz de recibir amor, y te cuesta creer en tu autoridad para sanar, tienes una crisis de creencia.

Estaba hablando con un hombre de ochenta años que tenía una fe fuerte. Cuando le pregunté sobre recibir oración, me dijo que tenía muchas dudas en sí mismo y confesó que no tenía mucha confianza para orar por la gente, especialmente para que su esposa fuera sanada. Él quería que orase por él para que aumentara su creencia en que podía ver a Dios sanar cuando él orara. Continuó diciéndome lo triste y desanimado que se sentía cuando no veía cambio alguno después de haber orado. Como discerní que este hombre de fe no debería estar sintiendo esa duda, le pedí a Dios que lo llevara de vuelta a ese momento en el que sintió duda, poca confianza y desánimo cuando era niño. Dios le mostró un recuerdo de cuando tenía cinco años y estaba jugando él solo en un arenero. Recordó sentirse desanimado y emocionalmente distante de sus padres. Le pedí que se imaginara a Jesús viniendo al arenero con él. En el nombre de Jesús, le ordené al trauma emocional y físico, a la soledad, la tristeza y el desánimo que se fueran. Después oré para que Jesús llenara su corazón de luz, amor, gozo y ánimo. El hombre de inmediato dibujó una sonrisa en su rostro mientras veía a Jesús prestándole atención y jugando con él. El hombre dijo que se sintió descargado en su corazón, y experimentó un sentimiento de calidez que venía sobre él. Después dijo: "¡Estoy deseando llegar a casa para orar por mi esposa!".

TÚ CREES PORQUE PRIMERO ALGUIEN CREYÓ EN TI

Tu crisis de creencia se crea temprano en tu vida porque alguna figura de autoridad no creyó en ti. En esencia, la cantidad y el tipo de amor que recibes de personas importantes al comienzo de tu vida puede determinar tu medida de dignidad y valía durante el resto de tu vida. Además, la cantidad de dignidad que tienes determina tu medida de confianza y fe, tanto en otros como en Dios. Por ejemplo, recibir palabras de afirmación, como "buen trabajo", "estoy orgulloso de ti" y "te amo", además de señales de afecto como abrazos y besos, finalmente crean tu medida de fe para creer en ti mismo y en tu sanidad. Sin embargo, cuando no recibes amor, o cuando alguna figura de autoridad hace comentarios negativos al comienzo de tu vida, tu "banco de amor" estará vacío y, más adelante en la vida, tendrás más tendencia a opiniones y pensamientos negativos sobre la vida y tus habilidades. Dudarás, cuestionarás, y te costará creer que eres digno de recibir sanidad.

Las Escrituras nos dicen que amamos porque Dios nos amó primero (ver 1 Juan 4:19). Como naciste sin conocer a Dios, tus padres terrenales (especialmente tu padre) fueron tus primeros modelos a seguir del amor, el poder y la autoridad de tu Padre celestial. A menos que te muestren otra cosa, lo que aprendiste (o no aprendiste) de tus padres quedará engranado en cómo interpretas, das y recibes amor, poder y autoridad de tu Padre celestial. Como resultado, tus experiencias externas tempranas en la vida determinan tus creencias internas más adelante en la vida, como dicen las escrituras: *Instruye al niño en su camino, y aun cuando fuere viejo no se apartará de él* (Proverbios 22:6). Lo que experimentas durante el tiempo más influenciable de tu vida crea una huella para el resto de tu vida, a menos que resuelvas y liberes la emoción y la creencia dañinas.

Una noche, había una mamá tumbada en el sofá con fiebre alta. Su hijo de siete años le preguntó si podía orar por ella para que mejorara. Ella accedió, y el niño puso su mano sobre su cabeza y sencillamente le pidió a Dios que le quitara la fiebre. Antes de la mañana siguiente, la fiebre había desaparecido y la mamá estaba normal nuevamente. El niño se acostumbró a ver el poder de la oración practicado en su familia, lo cual creó una fe inquebrantable y una creencia en que la oración ayudaría a su mamá. En Marcos 10:15, Jesús dijo a sus discípulos: *Reciban el reino de Dios como un niño*. La fe de un niño puede ser lo suficientemente sencilla para tener el poder y la autoridad para creer que Dios hará lo que pidas. Suele pasar que las heridas del alma pueden obstaculizar la capacidad para orar y creer con la fe de un niño.

El amor, la alabanza y la aceptación recibidos (o no recibidos) en las primeras fases de la vida por parte de tus figuras terrenales de autoridad se traducirán en el mismo amor, alabanza y aceptación con tu figura de autoridad celestial. El siguiente cuadro muestra la correlación entre lo que recibes al comienzo de tu vida y cómo se traduce en lo que creerás o sentirás más adelante en la vida.

Cuando:	=	Creerás que:
Te aman (abrazos/besos)	=	Eres amado, suficientemente bueno, digno, merecedor.
Creen en ti	=	Estás seguro, eres merecedor de lo que Dios tiene para ti.
Te animan	=	Tienes ánimo, confianza, eres capaz de actuar, creer.
Te escuchan	=	Eres escuchado, valorado, importante, que Dios te cuida.
Te consuelan	=	Eres consolado, afirmado, te sientes en paz, eres amado.

Cuando:	=	Creerás que:
No te aman/abrazan	=	No eres amado, ni lo suficientemente bueno, eres indigno, no eres merecedor
Te critican	=	No eres fiable, ni digno, eres insignificante, poco importante.

No creen en ti	=	Dudoso, no puedes creer en ti, tu fe es limitada.
Te desaniman	=	Estás atascado/miedo al futuro, no estás seguro, sin ánimo.
No te escuchan	=	No te escuchan, no tienes voz, no eres importante
No te consuelan	=	Estás preocupado/ansioso, no eres amado ni cercano a Dios.
Te ignoran	=	No creen en ti, no eres importante, eres insignificante, estás vacío y perdido

CÓMO SE RELACIONA TU PASADO CON LA SANIDAD

Cuando los cuidadores y figuras de autoridad temprano en tu vida no te dan lo que necesitas como niño, puede que batalles emocional, espiritual y físicamente más adelante en la vida. La siguiente sección de puntos te dará ejemplos de cómo lucharás con tus creencias con respecto a la sanidad cuando creciste con los siguientes cuidadores y/o personas con las que viviste:

- Cuidadores y personas que no estaban emocional o físicamente disponibles, que no cumplían las promesas, que abandonaron a la familia, murieron o se divorciaron: tu sanidad se puede ver obstaculizada por sentimientos dañinos como depresión, falta de confianza y no escuchar, sentir o recibir amor de Dios. Te cuesta creer que eres lo suficientemente bueno, digno, o merecedor de recibir la sanidad o de que alguien ore por tu sanidad. Sientes que Dios está distante, que te ha abandonado, y que no se puede confiar en que estará disponible cuando oras.

- Cuidadores y personas que no eran consoladoras o afectivas, sino religiosamente estrictas, legalistas, críticas, abusivas o condenatorias: tu sanidad se puede ver obstaculizada al interpretar que Dios es crítico, está enojado, hace juicios, no ama, es distante y castigador. Te sientes indigno y no merecedor del consuelo de Dios, de su aprobación, amor, perdón y sanidad. No tienes fe suficiente. Sientes que debes ser perfecto o que debes trabajar para disfrutar del amor y de la sanidad de Dios.

+ Cuidadores y personas que no sabían escuchar o no tenían en cuenta tus sentimientos y opiniones: tu sanidad se puede ver obstaculizada por creer que tus oraciones, opiniones, pensamientos, sentimientos y sanidad no son cosas importantes, no se escuchan, no son valiosas, ni dignas, ni apreciadas y son insignificantes para Dios.

Durante la oración de sanidad, si la persona por la que oramos verbaliza alguno de los sentimientos o creencias dañinas de arriba, usa los Pasos para la Oración de Sanidad para revelar el origen de estos sentimientos dañinos, y después libera esos sentimientos antes de comenzar el proceso de restaurar los sentimientos saludables. A menudo sucede que las creencias saludables automáticamente serán reconocidas como resultado de liberar los sentimientos dañinos.

CÓMO CREER EN LA AUTORIDAD Y EL PODER QUE DIOS TE HA DADO

Si a tu fe le cuesta creer en tu autoridad espiritual para orar por sanidad, estas son sugerencias para aumentar tu confianza y creer y ministrar con la autoridad y el poder de Dios.

+ Cambia las percepciones erróneas. Encuentra el origen de tu incredulidad y falta de confianza tratando los asuntos del alma herida. No dejes que las emociones negativas y las malas creencias anulen la verdad sobre tu autoridad y sanidad. Las palabras y creencias negativas son evidencia de heridas no resueltas y emociones negativas en algún momento de tu pasado. Las emociones no resueltas son lo suficientemente fuertes para anular tu creencia en la verdad de la Palabra de Dios. Da los siguientes pasos para identificar las emociones negativas mientras sigues los Pasos para la Oración de Sanidad:

- Piensa en figuras de autoridad, cuidadores, personas o eventos importantes de tu vida que tuvieron un impacto dañino o negativo en ti. Piensa en los sentimientos que extrajiste de cada persona o evento que te hirió.

- Con cada persona (incluyendo a Dios y a ti mismo) o evento, perdónalos por lo que te hicieron y por lo que te hicieron sentir. Pídele a Dios que les bendiga.

- Declara palabras de vida que te animen y edifiquen. Por ejemplo, habla las palabras positivas del cuadro anterior, "Creerás que eres".

Hace años, durante tiempos de oración de sanidad, a menudo tenía problemas con lo que iba a decir cuando orara. Me he dado cuenta de que yo soy solo el canal que permite que Jesús actúe a través de mí. Ahora, pongo la responsabilidad de la sanidad en Jesús. Cuando alguien quiere oración, le pregunto en mi espíritu: *Jesús, ¿qué vas a hacer y decir a través de mí en esta situación?* Si no oigo nada, puedo orar de nuevo en voz alta para que el Espíritu Santo revele su verdad a mí mismo o a la persona que está pidiendo la oración. Cuando le hago más preguntas a la persona sobre su problema, espero para ver qué revela el Espíritu Santo. Avanzo en fe, creyendo en la autoridad que Dios me ha dado y sabiendo que el Espíritu Santo suplirá nuestra necesidad. Y Él lo hace.

- Crea una relación más cercana con Jesús para aumentar la creencia en tu autoridad. Una de las mejores maneras de creer en tu autoridad es pasar más tiempo a solas con Aquel que te da la autoridad. Cuanto más tiempo pases con Jesús, más sentirás su aceptación y su amor. Como resultado, más amor sentirás y más fácil te resultará creer que tienes la autoridad para usar su autoridad. Como con cualquier relación, cuanto más tiempo pasen juntos, más crecerán juntos. Aquí tienes unos pasos sencillos para sentirte más cerca de Jesús:

- Siéntate o túmbate en un lugar cómodo y haz esta sencilla oración: *Gracias, Espíritu Santo, por tu presencia y por mostrarme el amor de Jesús.* También puedes orar cualquier otra cosa que Dios te lleve a decir.

- Mientras te relajas, enfócate en que Jesús está contigo. Imagínate a Jesús sentado a tu lado, y pídele más de lo que Él quiera darte. Puedes "empaparte" en su presencia, sentarte o tumbarte calladamente o con una música tranquila. Permite que todos tus sentidos sean sensibles a tu entorno. Escucha la voz de Dios. *Estad quietos, y conoced que yo soy Dios* (Salmos 46:10).

✦ Otras sugerencias útiles:

- Si viene a tu mente una imagen negativa, puedes orar diciendo: *En el nombre de Jesús, ese pensamiento negativo se tiene que ir y no regresar nunca. Espíritu Santo, tráeme una imagen de Jesucristo.*

- Si tu mente se acelera y no se tranquiliza, respira hondo y pídele a Jesús que te dé paz. (Puedes usar el Paso de consuelo y revelación con el "Abrazo de amor", que se encuentra en el Paso V, Restauración del alma y el Espíritu, en los Pasos para la Oración de Sanidad).

- Si tu mente no se puede calmar o relajar porque te sientes abrumado, triste o ansioso, te recomiendo que uses los Pasos para la Oración de Sanidad, o que hables con un ministro de oración cristiano o un profesional para lidiar con los asuntos emocionales de tu vida.

✦ Si no experimentas ningún cambio positivo en las áreas espiritual y emocional de tu vida:

- Pasa más tiempo descansando, y pídele al Espíritu Santo que te diga o te lleve donde Él quiera que vayas.

- Busca un consejero cristiano y/o un ministerio de sanidad establecido que trabaje con la identificación y liberación de heridas del alma (mente, voluntad, emociones, creencias dañinas, pecados, perdón) para sanidad interior.

- Medita en las Escrituras sobre la autoridad, el poder y las mayores obras que Dios hará a través de ti. (Por ejemplo, Mateo 10:1; Lucas 9:1; Juan 14:12; Hechos 1:8; Efesios 1:3; 3:20; Filipenses 4:13; 4:19).

+ Recuerda estas verdades:

- Tu Padre celestial no es igual que tu padre terrenal.

- Tus percepciones limitadas no determinan las posibilidades ilimitadas de Dios.

- Tus creencias internas no determinan la realidad externa de la capacidad de Dios.

- Orar por sanidad es esperar lo imposible porque la autoridad de Dios está actuando a través de ti.

- Solo se necesita una pequeña lágrima para mover la montaña emocional más grande.

PARTE II

USAR LAS CONEXIONES MENTE/CUERPO PARA LA SANIDAD

9

ORA POR SANIDAD CON PODER Y AUTORIDAD

Un hombre llamado Paul cojeaba mientras entraba caminando por el vestíbulo para llevar a su hija a consejería. Después de sentarnos todos y presentarnos, le pregunté a Paul por qué cojeaba. Me dijo que tenía dañado el menisco y que había empeorado en los últimos cuatro meses. Paul dijo que actualmente tenía mucho dolor, como de nivel nueve. Sus médicos le recomendaban que se operara, pero Paul dijo que no quería hacerlo. Vi aquello como una oportunidad para ver a Dios obrar, así que le pregunté si podía orar por su rodilla. Después de darme el permiso para poner mi mano sobre su rodilla, le pedí a Dios que liberara el trauma emocional, físico y de memoria celular, y que arreglara el menisco dañado. Paul dijo que la rodilla estaba empezando a ponerse caliente, ¡y su dolor fue desapareciendo! Asombrado, Paul comenzó a saltar, diciendo con una gran sonrisa: "Vaya, no podía hacer esto antes". Le expliqué que Dios lo amaba y quería sanarlo y cuidar de las necesidades de su familia.

Unos meses después, vi a Paul en el vestíbulo esperando a un familiar. Le pregunté por su pierna cuando lo vi caminar con un poco de cojera. Él me miró un tanto avergonzado y me dijo que se había hecho daño en la rodilla de nuevo haciendo deporte. Afirmaba que no estaba tan mal como la última vez que oré por él, pero tenía un dolor de nivel 6 y le costaba caminar. De nuevo me permitió orar por él; pero esta vez quise que Paul supiera que él tenía poder y autoridad personal para sanar. Le pedí que señalara a su rodilla y le ordenara con confianza, diciendo: "Me perdono por lo que hice. En el nombre de Jesús, le ordeno a la rodilla que sea sanada y que el dolor se vaya". Cuando le pregunté cuánto dolor sentía ahora de 0 a 10, me dijo que era de 4. Alabamos a Dios por su sanidad y dije: "Vamos a deshacernos del resto del dolor". Le pedí que ordenara una vez más al dolor que se fuera, en el nombre de Jesús, creyendo que el dolor no tenía más autoridad para ser parte de su cuerpo. Después de ordenar la sanidad con autoridad, el dolor se fue y él se alejó caminando sin dificultad.

TE HA SIDO DADO PODER Y AUTORIDAD

Al igual que Paul pudo ordenar a su rodilla que fuera sanada, tú también tienes el poder y la autoridad para ordenar sanidad en tu cuerpo.

Jesús no murió en la cruz para que fueras a la iglesia y con eso lo dieras por finalizado. Cuando la mayoría de la gente le pide sanidad a Dios, hay un tinte de duda en su petición, como si se preguntaran si realmente es posible que Dios obre en su fragilidad e inseguridad. Jesús, sin embargo, vivió para ser tu ejemplo y murió para que puedas orar con la misma autoridad y poder que Él tuvo. Recuerda: la razón por la que puedes orar con el mismo poder y autoridad que tenía Jesús es porque Cristo murió por ti, y ahora su Espíritu habita dentro de ti (ver 1 Corintios 3:16). Cuando aceptaste a Jesús en tu corazón, recibiste todo lo que Jesús tiene (ver Juan 1:16). Por consiguiente, como cristiano, tú tienes el poder sobre los espíritus inmundos y la autoridad para sanar toda enfermedad (ver Mateo 10:1; Lucas 9:1). La mejor parte es que puedes recibir poder del mismo modo que Jesús les dijo a sus discípulos en Hechos 1:8: *Pero recibiréis poder, cuando haya venido sobre vosotros el Espíritu Santo.* Sencillamente pide que el Espíritu Santo llene tu corazón, ¡y recibirás más de su poder! El siguiente paso es orar con esa autoridad.

ORAR CON PODER Y AUTORIDAD

Como el 20 por ciento de los Evangelios tienen que ver con el ministerio de sanidad de Jesús, sería lógico que la sanidad sea una de las principales aplicaciones que debemos aprender de su ministerio. Lo interesante es que Jesús no oraba por sanidad de la forma tradicional en que nosotros oramos. De hecho, Él simplemente no *oraba* para que Dios sanara a la gente. Él veía las dolencias y enfermedades como problemas que no pertenecían y que no tenían el derecho legal de existir como parte de la mente o del cuerpo. Como resultado, Él no oraba por las personas; en cambio, tomaba autoridad sobre la enfermedad y le ordenaba con firmeza que se fuera. Tú puedes hacer lo mismo. A continuación, verás unas sugerencias para ayudarte a ministrar sanidad con autoridad y poder.

1. Trata la enfermedad, el dolor o la sensación como un objeto extraño que no pertenece al cuerpo humano. Cree que tienes plena autoridad y poder, en el nombre de Jesús, y háblale con plena autoridad y firmeza, ordenándole que se vaya. Por ejemplo, puedes decir con confianza: "En el nombre de Jesús, ordeno al trauma emocional, físico y de memoria celular que se vaya. Ordeno al dolor que se vaya y que el músculo dañado sea sanado" (ver el Paso II de los Pasos para la Oración de Sanidad).

2. Cuando ores por sanidad, tienes la opción de usar las palabras *ordeno* o *maldigo*. Yo prefiero usar la palabra *maldigo*, ya que Jesús maldijo la higuera para que dejara de dar fruto (ver Marcos 11:21). Además, Adán y Eva usaron una hoja de higuera para esconder su pecado original (ver Génesis 3:7). Yo quiero usar la misma palabra que dijo Jesús para maldecir cualquier cosa que tenga que ver con el pecado original, y para erradicar cualquier trauma, pecado o pensamiento negativo de la persona que está buscando sanidad.

3. Algunas personas creen que están "destinadas" a experimentar dolor como una condición normal de vida. Esta forma de pensar da poder al dolor y mantiene a la persona afectada en una condición poco saludable. Proverbios 23:7 dice: *Porque cual es su pensamiento* [del hombre] *en su corazón, tal es él.* En el reino de Dios has de estar sano, no enfermo. Piensa en el dolor como un objeto extraño que se ha apegado a ti y que no tiene derecho legal de estar ahí. Maldice el dolor y dile que se vaya en el nombre de Jesús. Si regresa, ordénale que se vuelva a ir. Si el dolor continúa, considera usar el Paso II de los Pasos para la Oración de Sanidad.

4. Ordena con confianza a la enfermedad que se vaya, creyendo que lo que estás diciendo tiene la autoridad de Jesús. Si comienzas a dudar, a preguntarte o cuestionarte si funcionará mientras oras, tan solo estás permitiendo que *tu* mente tome el control en lugar del poder de Jesús. Como resultado, aparecerán más sentimientos de desánimo si la sanidad no se produce de inmediato. Para reenfocarte, pídele a Dios que limpie tu mente de distracciones; piensa en que Jesús está ahí de pie contigo mientras oras, y comienza a orar de nuevo con la autoridad de Cristo en el centro de tu mente.

5. Usa mandatos cortos, específicos y seguros. A menudo, pero no siempre, mientras más tiempo oras, más se trata de ti intentando *hacer* que algo ocurra con base en tus propias inseguridades. Por ejemplo, la autoridad de un policía uniformado solo tiene que decirte que te detengas una vez. Cuando usas la autoridad de Jesús, tu mandato automáticamente crea poder y no debería requerir más palabras.

IMPIDE QUE TU FE SEA PROBADA

Si la sanidad no se produce cuando estás ministrando, tu fe puede ser probada, y puede que comiences a experimentar duda, sentimientos de ineptitud y preguntas sobre tu nivel de creencia. Algunas de las razones más comunes para que los ministros de oración cuestionen su fe son las siguientes:

- Falta de perdón, pecado del que no hubo arrepentimiento, u otros asuntos del alma pueden obstaculizar la oración y la capacidad de oír a Dios. Esto es especialmente cierto si te afectan emocionalmente los asuntos de oración de otros. Como resultado, puede ser difícil oír de Dios o mantenerte objetivo mientras oras por otros. Si esto ocurre, pasa tu propio tiempo usando el Paso II de los Pasos para la Oración de Sanidad, o pide a otro ministro de oración que te ayude a resolver tus problemas del alma.

- Los ministros de oración con un buen corazón pueden asumir demasiada responsabilidad y decepción por los asuntos de oración y el sufrimiento de otros. Es importante recordar que no es responsabilidad tuya sanar a la persona. Tu obligación es orar y creer en la sanidad. La obligación de Dios es proveer la sanidad. Entrégale a Jesús la enfermedad, al margen del resultado, y anima a la persona afectada a creer en su propia sanidad. Asumir demasiada responsabilidad es el resultado de tu propio corazón herido. Pasa tiempo usando el Paso II de los Pasos para la Oración de Sanidad en tu propia vida, o pide a otro ministro de oración que te ayude a resolver tus propios problemas del alma.

10

PASOS PARA LA ORACIÓN DE SANIDAD

Los pasos para la oración de sanidad se utilizan para conseguir avanzar cuando la sanidad no se produce. Estos pasos no son para reemplazar otros modelos de oración que puedas haber aprendido, ni están diseñados para arrastrarte por los traumas del pasado. Estos pasos se usan para revelar la fuente original del trauma y soltarlo de una forma segura, a fin de que se pueda producir una sanidad permanente. Estas oraciones se pueden realizar en persona o a distancia, vía telefónica, para restaurar plenamente tu vida o la vida de la persona por la que estés orando, con el amor, la gracia y la libertad de Dios. *Para demostraciones en línea de estas técnicas, visita: www.insightsfromtheheart.com.*

PASO I: ORACIÓN PARA SANIDAD

1. *Pregunta:* "¿Cuál es tu nombre? ¿Por qué problema necesitas oración?".
2. *Pregunta:* "¿En qué número (nivel de intensidad) sientes el problema en tu mente/cuerpo?". (Usa una escala de dolor de 0 a 10, donde 0 es la ausencia de dolor y 10 es un dolor intenso).
3. *Ordena* a las emociones, al dolor y al problema físico que se vayan, en el nombre de Jesús.

4. *Pregunta:* "¿En qué número (nivel de intensidad) sientes el problema ahora en tu mente/cuerpo?" (Usa la misma escala de 0 a10).
5. *Alaba* a Dios por cualquier sanidad que se haya producido. Repite los pasos 1 al 5 para más sanidad.
6. *Instruye:* enseña a la persona cómo creer en la sanidad enfocándose en la Palabra de Dios, no en su dolor o problema. Anímale a entregarle a Jesús todo su dolor.

Si no se produce la sanidad: continúa con el Paso II.

PASO II: ORACIONES PARA SOLTAR UN TRAUMA

1. *Pregunta:* "¿Cuándo recuerdas experimentar por primera vez este problema o sentimiento?".

1a. Si se sabe cuál es el recuerdo/razón del problema…	1b. Si no se sabe cuál es el recuerdo/razón del problema…
Pregunta: "Describe lo que ocurrió, y cómo te hizo sentir". Procede al n°2.	*Pregunta/Ora:* "Describe tus sentimientos al vivir con el problema". Ora para que recuerde memorias tempranas que produjeron sentimientos similares. Procede al n°2.

2. *Pregunta:* Pensando en los recuerdos del pasado, evalúa la cantidad de dolor que sientes en tu problema de la mente/cuerpo (escala de 0 a 10).

3. *Instruye:* "Imagínate a Jesús (u otra persona de confianza) en el recuerdo, estando de pie entre tú y la persona o la situación ofensora protegiéndote/abrazándote (ver Paso V, "Abrazo de amor") o abrazándote tú mismo dentro de una burbuja protectora si no tienes a una persona de confianza".

4. *Ora:* "En el nombre de Jesús, suelto el trauma emocional, físico, visual, auditivo y de memoria celular". (Opción: dale el dolor a la persona de confianza).

5. *Ora:* "Declaro sanidad en el corazón/mente/cuerpo, en el nombre de Jesús".

6. *Pregunta:* Evalúa la cantidad de dolor en tu mente/cuerpo ahora (escala de dolor de 0 a 10).

7. *Alaba* a Dios por cualquier sanidad o sanidad esperada.

Si no se produce la sanidad: *amplía tu búsqueda* (ver el capítulo sobre Amplía tu búsqueda) para asuntos de traumas tempranos y repite del 1 al 8, con la opción de usar el Paso V ("Abrazo de amor" y "Palmadita de amor").

Si se produce la sanidad: tienes la opción de continuar con el Paso III y el Paso IV.

8. *Instruye:* enseña a la persona cómo creer en la sanidad, enfocándose en la Palabra de Dios, no en su problema. Anímale a dar a Jesús todo su dolor. Ver la página XXX para una versión de cuidado personal de esta oración.

SUGERENCIAS ÚTILES DURANTE LA ORACIÓN:

- En cualquier momento, para liberar un trauma de forma más rápida y profunda, usa simultáneamente el Paso II con el Paso V ("Abrazo de amor").
- El ministro de oración debería orar con los ojos abiertos para observar a la persona afligida.
- La persona afligida debería recibir la oración con los ojos cerrados, para enfocarse en su sanidad interior (o mantener los ojos abiertos si la persona se siente más segura así).
- Dale gracias al Espíritu Santo por estar presente con su guía y poder.
  - Confía en la guía del Espíritu Santo, no en tu método.
  - Deja de orar cuando: a) la persona sea sanada; b) la persona quiera parar; c) el Espíritu Santo te diga que pares.

- Ora por una enfermedad/recuerdo a la vez, a menos que seas guiado a orar por muchos recuerdos en una oración.
- Durante la sanidad de un recuerdo traumático, si le vienen otros recuerdos a la mente a la persona afligida, dile a la persona que tratarás esos otros recuerdos después de terminar de sanar los asuntos derivados del recuerdo actual.

SUGERENCIAS ÚTILES DESPUÉS DE ORAR:

- Si la sanidad no se produce, no acuses a la persona de falta de fe o de tener pecado. Continúa ampliando tu búsqueda y simultáneamente usando el Paso II y el Paso V.
- Si se produce la sanidad, continúa con el Paso III y el Paso IV. Termina la sesión repasando las instrucciones para "Mantener tu sanidad" y compartiendo pasajes de la Escritura que sean de ánimo.
- Si es apropiado, pregunta si la persona quiere conocer a Jesús, que es quien le ha sanado. Ora con él o ella para aceptar a Jesús en su corazón (ver Juan 3:16; Romanos 3:23; 8:1; 10:9-10).

Las siguientes técnicas son para soltar cosas más profundas y para sanar y restaurar la mente y el cuerpo:

Para una demostración en línea de estas técnicas, visita: www.insightsfromtheheart.com

PASO III: SOLTAR AL OFENSOR Y LA FALSA RESPONSABILIDAD

Cuando alguien ha sufrido una ofensa o abuso de otras personas, puede que se aferre a la falsa responsabilidad y a las ofensas, lo que puede crear sentimientos dañinos de culpa, vergüenza, humillación, lamento, autojuicio, etc. Mantente atento a frases como: "Soy malo", "Siempre me equivoco", "No tengo remedio", "Tengo miedo" o "No puedo perdonar". Una persona que se aferra a estos asuntos permanecerá en esclavitud emocional y su sanidad física se verá bloqueada. Nadie debería sufrir por acciones dolorosas o palabras de otros. La libertad de esta esclavitud se consigue cuando la persona ofendida se libera verbalmente a sí misma de cualquier ofensa y de asumir cualquier falsa responsabilidad resultante de esa ofensa.

INSTRUCCIONES

Cuando la persona afligida se "sienta" sanada (o cerca de la sanidad), pídele que repita estas frases de abajo. Puedes añadir, borrar y alterar las frases como sea apropiado para cada circunstancia.

El ministro de oración dirá a la persona afligida: "Imagínate a Jesús (o cualquier persona de confianza) estando de pie entre tú y el ofensor/situación. Con Jesús (o la persona de confianza) protegiéndote, di estas palabras en voz alta, como si estuvieras hablando al ofensor".

- No me gustó lo que me hiciste.
- Lo que me hiciste fue injusto.
- Me hiciste sentir (dolor, tristeza, enojo, desesperanza, etc.).
- Ahora me doy cuenta de que tengo opciones.
- Decido entregar a Jesús mis sentimientos de sufrimiento y dolor.
- No es mi responsabilidad seguir cargando con estos sentimientos.
- Decido no permitir que estos sentimientos tengan más autoridad sobre mí.
- Decido entregarle a Jesús lo que me hiciste; ya no tienes más autoridad sobre mis sentimientos.
- Decido perdonarte, así que ya no tienes más control sobre mi vida.
- Me arrepiento por haber asumido cualquier falsa responsabilidad por esta situación.

- Decido dejar de intentar enderezarte a ti o a esta situación.
- Me doy cuenta de que no sabías cómo amarme, lo cual no es culpa mía.
- Padre celestial, decido recibir tu amor.
- Padre celestial, llena mi corazón con tu amor de una forma en que mis padres no pudieron.
- Gracias, Jesús, por mi libertad y mi sanidad.

PASO IV: DETERMINAR LA FINALIZACIÓN DE LA SANIDAD DE LA MEMORIA

Cuando la persona afligida se "sienta" sanada de un recuerdo de un trauma pasado, y antes de terminar la sesión de ministración o avanzar a otro recuerdo, usa esta técnica para decidir si la emoción dañina está totalmente liberada y si el recuerdo está totalmente sanado.

Instrucción:

1. Después de la sanidad de cada uno de los recuerdos del pasado, que la persona visualice la imagen más joven de sí misma en ese recuerdo.
2. El ministro de oración debería preguntar: "Ahora que sientes que ese recuerdo está sanado, cuando piensas en la imagen temprana de ti mismo en ese recuerdo, ¿qué ves en tu cara? ¿Una sonrisa, un ceño fruncido o una mirada plana?".

- 2a. **Si es una sonrisa**: Pregunta a la persona: "Cuando piensas en ti mismo en ese recuerdo del pasado, ¿crees que esta frase es verdadera o falsa?: 'La situación se ha terminado y ahora me siento seguro en ese recuerdo'".

- **Si dice que la frase es verdadera**, que dé gracias a Jesús por su sanidad. Esta sesión puede terminar o continuar con otro recuerdo.

- Si dice que la frase es falsa, continúa con el número 3 abajo.
- 2b. **Si es un ceño fruncido o la mirada plana:** Pregúntale qué está sintiendo con ese recuerdo. **Continúa con el número 3 abajo.**
3. Repite del 1 al 7 del **Paso II: Oraciones para soltar el trauma** simultáneamente con el **Paso V: "Abrazo de amor"** para soltar el trauma.
4. Después de orar y de que el trauma se considere sanado o haya disminuido, repite los pasos 1 al 3 de arriba hasta que la persona se imagine a sí misma con una sonrisa y se sienta segura en ese recuerdo pasado.

Si la persona aún no se puede imaginar con una sonrisa después de varias oraciones, *amplía tu búsqueda* (ver capítulo 12: "Amplía tu búsqueda cuando la sanidad no se produce") a un recuerdo anterior con sentimientos similares, y después repite los pasos 1 al 3 de esta sección.

SUGERENCIA ÚTIL:

Incluso si la persona afligida no cree que la persona en su imagen anterior puede sonreír debido a su trauma del pasado, continúa con los pasos descritos arriba, y pon tu creencia en el hecho de que Dios puede sanar todo y traer una sonrisa a su rostro. Dios no quiere que nadie viva una vida con un ceño fruncido o con tristeza.

PASO V: EL "ABRAZO DE AMOR"—TRES MÉTODOS PARA LIBERAR Y RESTAURAR EL ALMA/ESPÍRITU

En el ministerio de sanidad orarás por personas que están emocionalmente paralizadas, entumecidas, en blanco, o que son incapaces de identificar o liberar emociones y recuerdos; personas que sienten una desconexión entre la mente y el cuerpo; personas que no pueden oír a Dios o se sienten desconectadas de Él; y personas que no pueden sentir el amor de Dios. Todos estos asuntos interrumpen la conexión alma/cuerpo/espíritu, lo cual bloquea la capacidad para oír y sentir a Dios; bloquea la creencia en la capacidad para ser sanado o en la autoridad para sanar a otros. Si la sanidad no progresa o no se produce en absoluto, este puede ser un momento desalentador, tanto para la persona afligida como para el ministro de oración.

Como describí antes, las emociones y los recuerdos bloqueados son por lo general un indicativo de que una persona no se sintió segura durante eventos traumáticos, lo que le hace cerrar las emociones y el recuerdo de ese evento. Como resultado, no permitirá que nadie (ni siquiera Dios) acceda a ese evento para que haya sanidad interior. Como todos desean ser consolados y sentirse seguros, la mejor manera de lograr el consuelo es mediante el acto de ser amado. Por lo tanto, durante el tiempo de la ministración, es importante recrear un recuerdo en el que la persona afligida se sienta protegida para que sienta que es seguro liberar el trauma original. Mientras más segura se sienta la persona afligida, mayor será el potencial de derribar las barreras, para revelar y liberar la emoción reprimida y el recuerdo.

Una de las mejores formas de que la persona afligida se sienta segura es experimentando el sentimiento de amor y consuelo. Esto se logra mediante un método muy sencillo llamado el "Abrazo de amor", una forma probada y eficaz de ayudar a las personas a revelar y liberar un trauma profundo con el fin de restaurar sendas vitales para recibir la restauración del alma/cuerpo/espíritu.

Permíteme explicar de la siguiente forma cómo ayudará el "Abrazo de amor" a la sanidad. Piensa en cómo consolarías a alguien que está emocionalmente enojado, o cómo consolarías a un niño que llora. Una de las mejores maneras de consolar a alguien es poniendo tus brazos a su alrededor y dándole gentilmente unas palmaditas en la espalda, mientras dices con calma palabras de afirmación, como: "Todo va a estar bien", o "Es bueno llorar; se va a solucionar". Este acto sencillo de toque físico calma los nervios y produce un sentimiento de paz a la mente y al cuerpo. Sabemos que el toque físico estimula el cerebro para que produzca sustancias como serotonina, endorfinas, y otros supresores naturales del dolor que actúan como químicos para hacernos "sentir bien" y calmar naturalmente el cerebro y el cuerpo. Por ejemplo, si abrazas a alguien y le das gentilmente una palmadita en la espalda, esto estimula las terminaciones nerviosas sensoriales, lo que también eleva los sentimientos de seguridad, consuelo y amor. Los recién nacidos necesitan abrazos por la necesidad biológica del amor. Sin abrazos y el sentimiento de amor, un niño morirá.[21] Para derribar barreras para la sanidad en quienes están emocionalmente cerrados por un trauma del pasado, debes ayudarlos a experimentar el consuelo, el amor y la seguridad que anhelaban recibir. Por eso el toque, un abrazo y palabras de afirmación de un padre pueden hacer de forma rápida que un niño con una rodilla desollada se sienta mejor.

USAR EL "ABRAZO DE AMOR" (Y LA "PALMADITA DE AMOR")

El "Abrazo de amor" se puede usar haciendo que la persona afligida simplemente cruce sus brazos sobre su pecho, descansando las manos sobre sus brazos/bíceps mientras se imaginan a Jesús (o cualquier otra persona de confianza) dándole un abrazo. Al mismo tiempo, la persona afligida puede recibir una "Palmadita de amor", dándose una palmadita con una mano y después la otra sobre su propio brazo/bíceps, mientras se imagina a Jesús dándole una palmadita de reafirmación (o el ministro de oración puede poner una mano sobre cada hombro y darle gentilmente una "Palmadita de amor").

---

21. Thomas Verny MD y John Kelly, *The Secret of Life of the Unborn Child* (New York: Dell Publishing, 1981), p. 152.

Pasos para la oración de sanidad 99

Ilustración de una persona afligida usando el "Abrazo de amor".

Usa uno o más de los siguientes métodos del "Abrazo de amor" que mejor se corresponda con lo que tienes que conseguir: 1) liberar trauma; 2) recibir consuelo; 3) restaurar la conexión mente-cuerpo.

1. "ABRAZO DE AMOR PARA SOLTAR EL TRAUMA"

Propósito: Para usarlo cuando la persona se siente paralizada, entumecida, en blanco, confundida, no puede identificar emociones/recuerdos/pensamientos, no puede sentir el amor de otros ni de Dios, y por lo general tiene pensamientos y sentimientos negativos.

Explicación: Tu mente ha sido creada para asimilar información durante las horas del día y ordenar esa información durante las horas de sueño. La mente procesará automáticamente la información ordenando lo que es bueno y soltando lo que no es bueno. Una forma en la que has sido creado para soltar las cosas dañinas de tu mente es mediante el proceso de soñar. Sorprendentemente, si no liberas la emoción y el recuerdo traumático por ti mismo, tu cerebro intentará soltarlo automáticamente por ti durante el proceso de soñar. Uno de los principales propósitos de soñar es modular o disminuir molestias en las emociones y regular las que son inquietantes.[22] Por eso puedes experimentar pesadillas o sueños traumáticos como una forma en la que tu mente libera el trauma no deseado.

---

22. Consultado en línea 25 de junio de 2018. "The Science of Sleep: Regulating Emotions and the Twenty-Four-Hour Mind", *Farnam Street*, https://fs.blog/2017/03/twenty-four-hour-mind-rosalind-cartwright.

Los sueños se producen principalmente en la etapa del sueño del movimiento rápido de los ojos (REM), cuando la actividad cerebral es alta y se parece a la de estar despierto. Tus ojos se mueven rápidamente para integrar los lados derecho e izquierdo de tu cerebro, para ordenar y soltar las cosas que produjeron preocupación durante el día. El lado derecho del cerebro procesa la emoción y el lado izquierdo procesa la memoria. Ambos lados del cerebro son importantes para procesar la información, tomar una decisión equilibrada, y retener o liberar la emoción y el recuerdo de las experiencias del día.

Dios creó el proceso REM durante el sueño para impedir la insalubridad, asegurándose de que tu mente libere y quede limpia de emociones y recuerdos no deseados. Sin embargo, la limpieza no funciona del todo a menos que puedas verbalizar tus sueños, describiendo los detalles e identificando y soltando los sentimientos asociados con ellos. Por ejemplo, sueños negativos o pesadillas repetidas pueden ser evidencia de que no te sientes seguro y/o tu mente no ha tenido éxito a la hora de liberar la emoción y los recuerdos no deseados.

La buena noticia es que puedes usar el "Abrazo de amor" para establecer un sentimiento de protección y amor por la persona afligida para que se sienta lo suficientemente segura para soltar la emoción y los recuerdos bloqueados como Dios pretendía. Además, cuando usas la "Palmadita de amor" dando una palmadita con una mano y después con la otra sobre tu brazo/bíceps, sencillamente estás usando los mismos movimientos bilaterales que Dios creó para operar dentro de tu mente para poder soltar la emoción y los recuerdos no deseados o bloqueados durante el proceso natural de sanidad. Puedes usar el "Abrazo de amor" y la "Palmadita de amor" en cualquier momento mientras oras o hablas durante la ministración, para promover una liberación permanente más profunda y rápida de las emociones y los recuerdos. Los resultados pueden variar, dependiendo de la disposición de la persona a "sentirse" mejor y su receptividad a la hora de confiar/recibir ayuda o amor de otros.

Instrucciones para el "Abrazo de amor": Usa la técnica del "Abrazo de amor" (y la "Palmadita de amor") simultáneamente con cualquiera de los demás pasos u oraciones que se encuentran en este capítulo.

El ministro de oración puede demostrar la técnica a la persona afligida mientras dice:

1. "Puedes hacer el 'Abrazo de amor' cruzando los brazos sobre tu pecho, descansando las manos sobre tu brazo o bíceps, mientras piensas que Jesús (u otra persona de confianza) te está dando un abrazo" (ver la ilustración de arriba del "Abrazo de amor").

2. "Continúa con la 'Palmadita de amor' dando una palmada suave con una mano y después con la otra sobre tu brazo o bíceps mientras piensas que Jesús (u otra persona de confianza) te está dando una 'Palmadita de amor', dejándote saber lo mucho que te ama. Alternarás las manos que dan la palmadita en el brazo; por ej., derecha, izquierda, derecha, izquierda. Da palmaditas suaves a doble velocidad del ritmo de tu corazón cuando está relajado". (O el ministro de oración puede poner sus manos sobre los hombros y dar una suave "Palmadita de amor").

Opción para decir: "Esta 'Palmadita de amor' promueve de forma natural las mismas funciones biológicas creadas por Dios para ayudar a tu mente a ordenar y liberar las emociones y los recuerdos no deseados o bloqueados. Alentará un sentimiento de liberación, calma, y sanidad en tu mente y en tu cuerpo".

Sugerencias:

- Mientras la persona afligida se da suaves palmaditas, el ministro de oración puede dar palabras de ánimo, como: "Imagínate entregándole la emoción a Jesús (u otra persona de confianza)";

"Esta emoción es antigua; es un lugar seguro para soltarla"; "Nunca fue la intención de Dios que pasaras por esto o te sintieras así".

- Si la persona afligida tiene miedo, está insegura o necesita más consuelo, se puede imaginar a sí misma de pie en una burbuja protegida con Jesús, la persona de confianza, o sola durante el proceso del "Abrazo de amor".

- Si los sentimientos de la persona afligida se vuelven más intensos, sigue reafirmándola mientras libera sus heridas hablando, con lágrimas, sollozos, gritos o lo que necesite para soltar la emoción. Si experimenta más emociones de las que puede manejar, puede dejar de darse palmaditas y, con sus ojos abiertos o cerrados, imaginarse a Jesús (u otra persona de confianza) consolándola. Anima a la persona con una oración de consuelo, y reafírmala diciéndole que es normal soltar una gran cantidad de dolor a través de este proceso. Si es necesario, invítale a buscar a un ministro de oración o profesional de la consejería experimentado en liberar el trauma emocional.

2. "ABRAZO DE AMOR PARA CONSUELO Y REVELACIÓN"

Propósito: Ser usado para aumentar el sentimiento de paz y calma en la mente y el cuerpo; aumentar el sentimiento de confianza y sentimientos de amor de Dios; escuchar y/o sentir una conexión más profunda con el Espíritu Santo; recibir más guía, dirección, reafirmación, buena revelación, conocimiento y amor; o mejorar el viaje de sanidad y la relación con Dios.

Explicación: Hay muchas personas que raras veces reciben un abrazo reconfortante, una palmadita en la espalda o palabras de afirmación. Como parte del proceso de restauración, pide a la persona afligida que realice el "Abrazo de amor" mientras se imagina a Jesús (u otra persona de confianza) abrazándole, mientras el ministro de oración dice palabras reconfortantes de reafirmación. Cuando uses la "Palmadita de amor" dando una palmadita suave primero con una mano y después con otra a un ritmo lento sobre tu brazo/bíceps, las terminaciones nerviosas sensoriales se estimulan, lo que aumenta la escucha y también los sentimientos de reafirmación, consuelo y amor que puedan ser necesarios durante la restauración del corazón y la mente. El "Abrazo de amor de consuelo y revelación", junto con la "Palmadita de amor", pueden aumentar el sentimiento de amor de su Padre celestial que quizá nunca había sentido. Es un paso asombroso de afirmación y ánimo. Los resultados pueden variar dependiendo de la disposición de la persona a "sentirse" mejor y a su receptividad a la hora de confiar/recibir ayuda o amor de otros.

Instrucciones: Usa el "Abrazo de amor" y la "Palmadita de amor" después de soltar el trauma para promover los propósitos antes mencionados.

El ministro de oración puede demostrar la técnica a la persona afligida mientras dice:

1. "Puedes hacer el "Abrazo de amor" cruzando tus brazos sobre tu pecho, descansando tus manos sobre tu brazo o bíceps, mientras piensas que Jesús (u otra persona de confianza) te está dando un abrazo" (ver la ilustración del "Abrazo de amor" de la p. 99).

2. "Continúa con la 'Palmadita de amor' dando palmaditas suaves con una mano y después la otra sobre tu brazo o bíceps mientras piensas que Jesús (u otra persona de confianza) te está dando una 'Palmadita de amor', para que sepas lo mucho que te ama. Alternarás las manos a la hora de dar las palmaditas, por ejemplo, derecha, izquierda, derecha, izquierda. Da palmaditas suaves a la velocidad del ritmo de tu corazón cuando está relajado". (O el ministro de oración puede poner sus manos sobre los hombros y dar una suave "Palmadita de amor").

Opción para decir: "Esta 'Palmadita de amor' promueve de forma natural las mismas funciones biológicas creadas por Dios para ayudar a tu mente a recibir una sensación de paz, confianza, amor, revelación, dirección y reafirmación".

Sugerencias:

- Mientras la persona afligida se da suaves palmaditas, el ministro de oración puede poner una mano sobre su hombro mientras le da palabras de ánimo, como: "Jesús está contigo", "Ahora estás a salvo", "Eres amada".

- Usa este paso mientras oras, hablas, piensas en recuerdos positivos, o cuando haces una oración de bendición de padre o madre. Están escritas en el apartado "Oraciones adicionales" de este capítulo.

- Siempre que sea necesario (o después de haber aclarado algún recuerdo), tienes la opción de que la persona use este "Abrazo de amor" y le pida al Espíritu Santo más guía, revelación piadosa y conocimiento, amor, o lo que necesite para el viaje de sanidad y mejora de su relación con Dios.

3. "ABRAZO DE AMOR PARA RESTAURAR LA CONEXIÓN MENTE-CUERPO"

Propósito: Para ser usado cuando la persona afligida sienta desconexión entre la mente y el cuerpo o sienta desconexión y no pueda oír de Dios. También se puede usar para promover la integración mente-cuerpo hacia la sanidad de enfermedades relacionadas con síntomas de disociación (separar emociones resultantes del trauma del cuerpo físico), trauma de la cabeza, y otros problemas asociados con el cierre mental/emocional y la desconexión mente/cuerpo/espíritu.

Explicación: La mente se separará automáticamente, o se cerrará, como resultado de un agudo trauma emocional o físico como una forma de protegerse del trauma (esto incluye lesiones de cabeza/cerebro). Las respuestas de la mente-cuerpo también pueden incluir disociación de la mente y el cuerpo como resultado de problemas médicos o emocionales. Los movimientos de "palmaditas de amor", con los suaves movimientos bilaterales de una mano y después la otra sobre el brazo/bíceps pueden ayudar en la integración de ambos lados del cerebro, para reintroducir potencialmente una conexión de la mente y el cuerpo. Como mencioné antes, el toque físico y las palmaditas suaves aumentan las terminaciones nerviosas sensoriales y elevan tu pensamiento y sentimiento. Este proceso ha sido exitoso a la hora de ayudar a personas impasibles a comenzar a identificar sentimientos, disminuir síntomas de disociación, y estimular la integración y coordinación de la mente y el cuerpo. Los resultados pueden variar dependiendo de la disposición de la persona a "sentirse" mejor, y de su receptividad para confiar/recibir ayuda de otros.

Instrucciones: usa el "Abrazo de amor" (y la "Palmadita de amor") durante y después de las oraciones de abajo y/o el tiempo de sanidad para promover los propósitos antes mencionados.

El ministro de oración puede demostrar la técnica a la persona afligida mientras dice:

1. "Puedes hacer el 'Abrazo de amor' cruzando tus brazos sobre tu pecho, descansando tus manos sobre tu brazo o bíceps, mientras piensas que Jesús (u otra persona de confianza) te está dando un abrazo". (Ver la ilustración del "Abrazo de amor" de la p. 99).

2. "Continúa con la 'Palmadita de amor' dando palmaditas suaves con una mano y después la otra sobre tu brazo o bíceps mientras piensas que Jesús (u otra persona de confianza) te está dando una 'Palmadita de amor', para que sepas lo mucho que te ama. Alternarás las manos a la hora de dar las palmaditas, por ejemplo, derecha, izquierda, derecha, izquierda. Da palmaditas suaves a la velocidad del ritmo de tu corazón cuando está relajado" (O el ministro de oración puede poner sus manos sobre los hombros y dar una suave 'Palmadita de amor').

Opción para decir: "Esta 'Palmadita de amor' promueve de forma natural las mismas funciones biológicas creadas por Dios para ayudar a la integración de ambos lados del cerebro para la conexión, integración y sanidad de la mente y el cuerpo".

Sugerencias:

- Usa el "Abrazo de amor" para la conexión de la mente y el cuerpo (y la "Palmadita de amor") mientras te sientas en silencio, usando las oraciones de abajo. Pídele al Espíritu Santo más revelación, sanidad, integración o cualquier otra cosa que necesites para tu sanidad de la mente y el cuerpo.

ORACIONES PARA RESTAURAR LA CONEXIÓN MENTE-CUERPO:

Esta oración se puede modificar para que se ajuste al problema o circunstancia. Pídele a la persona afligida que repita esta oración:

En el nombre de Jesús, maldigo la enfermedad de _____ que ha dañado mi mente. Me perdono por mi parte en la lesión, y perdono a cualquier otra persona responsable de mi lesión. Me arrepiento por recibir y aceptar cualquier parte de esta enfermedad o diagnóstico. Maldigo cualquier trauma emocional, físico o de memoria celular, así como todo síntoma y complicaciones asociados con esta lesión.

El ministro de oración puede orar, diciendo:

En el nombre de Jesús, maldigo la desconexión entre la mente y el cuerpo de (nombre de la persona afligida), y cualquier disfunción emocional, mental, médica o física que esté causando esta desunión. En el nombre de Jesús, ordeno a las frecuencias eléctricas, químicas, magnéticas, hormonales y neurológicas de cada célula de la mente y el cuerpo que estén en armonía y equilibrio. En el nombre de Jesús, ordeno a la mente y el cuerpo de (nombre de la persona afligida) que sean sanados, que se integren, y que se unan para funcionar como Dios pretendía. En el nombre de Jesús, declaro que (nombre de la persona afligida) recibe el espíritu de vida, luz, amor y paz de Dios. Oro para que la sangre de Jesús traiga sanidad y bienestar a su mente y su cuerpo. Gracias, Jesús, por la sanidad.

PASO VI: ORACIONES ADICIONALES

TDA/TDAH,[23] BIPOLARIDAD, DISLEXIA Y OTROS PROBLEMAS ORIGINADOS ANTES DEL NACIMIENTO

Los problemas dañinos de la mente-cuerpo pueden comenzar durante las etapas de desarrollo en el útero, cuando los factores químicos, emocionales, hormonales y de entorno afectan al feto (ver el capítulo 15 para conocer problemas y emociones específicos). Además, si viene a tu recuerdo durante una oración de sanidad una imagen del vientre o una revelación sobre un problema originado en el vientre, la siguiente oración puede que te sea útil. Esta oración se puede usar para restaurar la mente y el cuerpo, y se puede modificar para ajustarla al problema o la circunstancia.

Instrucciones:

1. Pide a la persona afligida que cierre los ojos y, que en una escala de 0 a 10, evalúe cuánto siente en su mente si está triste, agitado, acelerado, abrumado o desequilibrado (0 es completamente sano, 10 es una gran aflicción).
2. Pide a la persona que ponga sus manos en su estómago.
3. Pídele que se imagine en el vientre, con Jesús poniendo sus manos sobre él o ella. El ministro de oración puede poner una mano sobre la cabeza de la persona y la parte baja de la espalda (Siempre pide permiso antes de iniciar el contacto).
4. Pide a la persona afligida que repita después de ti:

---

23. Trastorno de Déficit de Atención y Trastorno de Déficit de Atención e Hiperactividad.

En el nombre de Jesús, maldigo el problema de _____ que me llegó a través del vientre de mi madre de generaciones anteriores. Perdono a mi madre, a mi padre, y a las generaciones anteriores por transmitirme el problema de _____. Renuncio a este problema y no le doy permiso ni autoridad para seguir siendo parte de mi vida. Me arrepiento por recibir y aceptar parte alguna de este problema o el diagnóstico que me fue dado. En el nombre de Jesús, maldigo cualquier síntoma o complicaciones asociadas con este diagnóstico. Acepto a Jesús en mi corazón y recibo tu Espíritu Santo de vida, amor, paz, bienestar y restauración de mi mente y cuerpo. Gracias, Jesús, por mi sanidad.

Esta sencilla oración la puede repetir un niño o un adulto en cualquier momento:

Te perdono, mamá o papá, por cualquier enfermedad que me transmitiste que no es de Dios. No acepto este problema en mi mente o mi cuerpo. Gracias, Dios, por restaurar mi salud, como en el cielo.

5. Después, el ministro de oración puede hacer esta oración sobre la persona afligida:

En el nombre de Jesús, renuncio al problema de _____ y no le doy más autoridad. En el nombre de Jesús, maldigo cualquier trauma del útero y ordeno a las frecuencias eléctricas, químicas, magnéticas, hormonales y neurológicas en cada célula de la mente y del cuerpo que se alineen y equilibren, con una adecuada integración y polaridad, como en el cielo. En el nombre de Jesús, declaro paz y un funcionamiento saludable sobre la mente y el cuerpo. Gracias, Jesús, por tu sanidad.

6. Pide a la persona afligida que cierre sus ojos y, en una escala de 0 a 10, evalúe cuánto siente en su mente si está triste, agitado, acelerado, abrumado o desequilibrado (0 es una sanidad completa, 10 es una gran aflicción). A medida que disminuye el número, repite los números 1 al 6 de arriba hasta que la mente sienta 0, o lo más cerca posible.

Repasa la información del problema que se encuentra en el capítulo 15, liberando la conexión emocional no deseada, y ora por un funcionamiento restaurado. Por ejemplo, para el trastorno de TDA/TDAH, la persona afectada puede perdonar a su madre por hacerle ansiosa en el útero (o perdonar a su madre y a su padre por la ansiedad creada durante la infancia). Puede orar por una mente pacífica y por restauración para que su glándula suprarrenal tenga un funcionamiento normal, en la tierra como en el cielo.

Si el número no disminuye o la mente tiene una mejora mínima:

Si el problema de la mente no cambia después de algunos intentos de oración, es un indicador de que la enfermedad se originó por situaciones abusivas, caóticas o abrumadoras del pasado o del presente, con emociones traumáticas no resueltas (por ejemplo, temor, dolor, pena, tristeza, cargas, abuso, etc.).

Liberar los síntomas del trauma:

- Pide a la persona afligida más información sobre cualquier trauma, herida, preocupación o carga extrema que haya tenido o que esté experimentando actualmente. Ora, usando el Paso II: "Oraciones para liberar el trauma".

- Después de las oraciones de sanidad, pide a la persona afligida que cierre sus ojos y evalúe, en una escala de 0 a 10, cuánto siente en su mente si está triste, agitado, acelerado, abrumado y desequilibrado. A medida que va disminuyendo el número, repite los números 1 al 6 antes mencionados hasta que evalúe su mente como 0, o lo más cerca posible.

CÁNCER U OTRAS ENFERMEDADES

La persona afligida puede leer o repetir después del ministro de oración.

En el nombre de Jesús, maldigo el diagnóstico que me dieron y echo fuera la semilla, espíritu y raíz de (<u>nombre de la enfermedad</u>), y maldigo cualquier espíritu generacional o raíz que haya traído esta enfermedad. Me arrepiento por aceptar este diagnóstico y perdono a los profesionales de la salud por darme este diagnóstico.

Perdono a mis padres y a las generaciones antes de ellos por cualquier conexión con esta enfermedad. En el nombre de Jesús, maldigo el espíritu de muerte, temor, rechazo, abandono, o cualquier otro trauma emocional y físico del pasado y del presente que haya contribuido a esta enfermedad.

En el nombre de Jesús, ordeno sanidad a todos los órganos, huesos y tejidos afectados por esta enfermedad para que sean restaurados y recuperen su función saludable, y ordeno a las frecuencias eléctricas, químicas, magnéticas, hormonales y neurológicas de cada célula, tanto en la mente como en el cuerpo, que entren en armonía y se equilibren. En el nombre de Jesús, maldigo las células priónicas enfermizas en el cuerpo y declaro que las células sanas sean restauradas a su normal funcionamiento en todas las áreas afectadas. En el nombre de Jesús, declaro sobre mi cuerpo y mi mente el espíritu de vida, amor, aceptación, paz, la luz de Dios y la plena restauración de mi mente y cuerpo para que operen normalmente, mientras vivo creyendo que he sido sanado. Gracias, Jesús, por mi sanidad.

LA BENDICIÓN DEL PADRE CELESTIAL

El ministro de oración puede poner su mano sobre la cabeza de la persona afligida y decir esta oración de bendición. Esta oración se puede modificar para ajustarla al problema o la circunstancia.

> Tu Padre celestial quiere decirte: "Te veo y estoy muy orgulloso de ti. Tengo un concepto muy alto de ti, y siempre creeré en ti. Siempre te amaré, al margen de lo que hayas hecho, porque eso es lo que realmente siento por ti. No te condeno. Quiero darte mi favor sobre tu vida y devolverte lo que has perdido. Declaro grandes bendiciones sobre ti, y anticipo tu crecimiento y éxito en la vida. Quiero que confíes en mí y que busques en mí la guía y el amor que quiero darte. Te amo. Soy tu Papá celestial".

ORACIÓN DE GUERRA ESPIRITUAL

El ministro de oración puede hacer esta oración si alguien ve o siente una oscuridad repentina, un temor inusual, el movimiento de objetos, sombras o conductas raras o intensas con la persona afligida.

> Por la autoridad que tengo en Jesús, mando a este espíritu de (<u>oscuridad, opresión, etc.</u>) que sea atado y se vaya. Imploro la sangre de Jesús sobre (<u>nombre de la persona afligida</u>) y, en el nombre de Jesús, declaro paz a su mente y a su cuerpo. Gracias, Jesús, por tu protección.

LIBERACIÓN DE ENFERMEDADES Y MALDICIONES GENERACIONALES

Esto incluye padres y familiares con condiciones médicas, mentales, pensamientos de suicidio, o involucradas en lo oculto y otras actividades demoniacas. El ministro de oración puede orar, o la persona afligida puede repetir la oración.

> En el nombre de Jesús, declaro que la sangre de Jesús se sitúa entre yo mismo y las generaciones que me preceden

como una pared de separación. Cancelo cada tarea de las tinieblas y elimino todo derecho de (nombre de la enfermedad) a afectarme. Renuncio y no doy más autoridad a este problema generacional o causa para estar en mi vida. Perdono a las generaciones anteriores y recibo la sangre de Jesús para limpiar mi mente y mi cuerpo, y pido sobre mí mi justa herencia y bendiciones de esa generación. Gracias, Jesús, por mi libertad.

El Apéndice contiene los "Pasos para la Oración de Sanidad", "Pasos para el Abrazo de amor" y oraciones adicionales sin las explicaciones detalladas para que se puedan fotocopiar fácilmente o para ponerlas en tu lector electrónico mientras oras y ministras dondequiera que vayas.

11

CONSEJOS PRÁCTICOS PARA LLEGAR A LA SANIDAD

QUÉ HACER CUANDO ALGUIEN NO PUEDE RECORDAR MEMORIAS DEL PASADO

Habrá veces en las que le pidas a la persona afligida que piense en un recuerdo o emoción del pasado y no será capaz de recordar nada. Como mencioné antes, cuando alguien experimenta emociones excesivamente dañinas (traumas), la mente puede que no procese adecuadamente toda la información, así que las emociones, imágenes, sonidos y sensaciones físicas se atascan en un estado traumático y la mente suprime la información para proteger la mente y el cuerpo de un *shock*. Como resultado, el estado mental de supresión se convierte en una barrera para la sanidad.

Creo que Dios tiene la capacidad de atravesar ese *shock* y sanar el trauma. Sin embargo, también es cierto que Dios nos creó con emociones y un libre albedrío para escoger qué hacer con nuestras emociones. Si no estás listo o dispuesto a soltar la emoción, Dios no te forzará a ello. Tampoco te condenará ni manipulará tu decisión de aferrarte a las emociones o los recuerdos. Para llegar a la sanidad, los siguientes pasos sencillos ayudarán a la persona afligida a comenzar a conectar con el pasado:

- Que la persona afligida se imagine de niño o adolescente como si estuviera en casa, viendo una película sobre la situación en la que fue educada.

- Pídele que pruebe a decir lo que vería, sentiría y pensaría mientras se imagina a sí misma viviendo en esa situación. ¿Cómo se comportaron con ella las demás personas o familiares? Recomiendo que la persona afligida use la técnica del Paso V: "Abrazo de amor" del capítulo 10 para identificar emociones y recuerdos más profundos.

- Cuando la persona afligida identifica pensamientos y sentimientos dañinos, usar simultáneamente el Paso II y el Paso IV del capítulo 10 traerá liberación y restauración.

Por ejemplo, si la persona afligida solo recuerda que su papá abandonó a la familia y su mamá se las veía y se las deseaba para llegar a fin de mes, pero no recuerda ninguna otra imagen o sentimiento, pídele que se imagine a sí misma de niño o niña en su hogar, de la forma en que lo acaba de describir. Haz que *pruebe* a decir cómo habría sido para un niño en ese hogar, durante ese tiempo, vivir esos eventos y sentimientos. Sigue haciendo más preguntas sobre cómo se *imagina* que habría sido la situación y los sentimientos. La persona afligida se beneficiará de usar el Paso V: "Liberar trauma" / "Abrazo de amor" para aumentar la liberación de pensamientos y sentimientos.

TRAUMA CONOCIDO Y DESCONOCIDO

Cuando le preguntas a la persona afligida cuándo o por qué comenzó el problema o la enfermedad, te dará uno de dos tipos de respuestas que fueron descritas en el capítulo 4: trauma conocido o trauma desconocido.

Trauma conocido

Es cuando se puede identificar un evento o persona como causante del problema. Esto puede incluir los detalles de lesiones, acciones y palabras que se experimentaron tangiblemente durante el tiempo del daño. También puede incluir abuso emocional, físico, sexual o verbal, u otra forma de violencia doméstica. Estas emociones y recuerdos por lo general saldrán a la superficie cuando le pidas al Espíritu Santo que los traiga a la mente.

Trauma desconocido

Es cuando la persona afligida no puede identificar por qué o quién causó el problema, o cuando no hay razón conocida para el problema. Estos recuerdos por lo general han sido reprimidos y la persona necesitará más asistencia para ayudarle a recuperarlos. Como suele ser el caso, cuanto más trauma haya experimentado, más profunda es la supresión de la emoción y el recuerdo. Además, si el trauma es muy temprano en la infancia, los niños por lo general no saben cómo asignar palabras a sus emociones, o no son capaces de expresar las emociones por temor o falta de ánimo de los cuidadores. Como resultado, puede que no siempre sean emociones asociadas con el recuerdo. Por consiguiente, tendrás que pedir a la persona que se imagine qué podría sentir un niño en esa situación.

Tanto para el trauma conocido como para el desconocido sería útil que la persona afligida use el Paso V: "Liberar el trauma" / "Abrazo de amor" mientras comparte información para llegar hasta el trauma profundo.

QUÉ HACER CUANDO ALGUIEN NO PUEDE IDENTIFICAR O EXPRESAR SENTIMIENTOS

De niño, expresar tus sentimientos debería haber sido una reacción natural a tus experiencias. Cómo respondieron tus cuidadores a esas expresiones creó una huella en cuanto a cómo te expresarás durante el resto de tu vida, a menos que te hayan enseñado otra cosa. Por ejemplo, si tus padres se enojaban o te decían que "dejaras de llorar" cuando expresabas emociones, aprenderás a creer que expresar los sentimientos no es algo bueno. Por consiguiente, si no expresas tus sentimientos, te costará mucho liberar el trauma y posteriormente se creará una barrera para el proceso de sanidad.

Conocí a un hombre que tenía mucha frustración y enojo en el trabajo, pero raras veces expresaba sus ideas porque tenía miedo de que le sucediera algo "malo". En casa, siempre que su esposa se enojaba con él, se quedaba callado o se iba. Eso enojaba aún más a la esposa y daba como resultado más problemas. El hombre me comentó que frecuentemente estaba irascible, tenso y ansioso. También sufría dolores de cabeza y le costaba concentrarse. Esto se convirtió en una forma normal de vida para él. Creció en una familia en la que los sentimientos y las emociones raras veces se expresaban o se hablaba de ellos. Y siempre que él expresaba sus sentimientos, lo enviaban a su cuarto. Cuando recibió ministración y entendió que Dios nos creó para expresar nuestros sentimientos, se sintió más libre para identificar sentimientos del pasado.

Una mujer me contó que se retiraba socialmente y se cerraba emocionalmente siempre que tenía una discusión con alguien. Tras un conflicto prolongado, experimentaba periodos inexplicables de irritabilidad, ansiedad, llantos, problemas de sueño y depresión. De niña, a menudo se veía entre sus padres durante sus discusiones. Recordaba esta experiencia como un momento de enojo y ansiedad. De niña, nunca sacaba sus sentimientos por miedo a que expresarlos hiciera que sus padres se enojaran más, y añadiera más razones para que se fueran. De adulta, la mujer continuó cerrada emocionalmente y no era capaz de encontrar las palabras correctas para describir sus sentimientos.

Lo que estas personas y muchas otras tienen en común es que no expresaban lo que sentían debido a lo que creían por eventos dañinos del pasado. La buena noticia es que Dios es mayor que cualquier cosa que sufra la persona afligida, y tienes el poder de ayudarle a encontrar libertad. En su libro, *Peace, Love and Healing* (Paz, amor y sanidad), el médico y autor Bernie S. Siegel explora la importancia de liberar todos los sentimientos. Escribe: "Es importante expresar todos tus sentimientos, incluyendo los desagradables, porque una vez que salen, pierden su poder sobre ti; no pueden atarte más con nudos. Sacarlos es un llamado pidiendo ayuda y un mensaje de 'vida' para tu cuerpo".[24]

AYUDAR A OTROS A EXPRESAR SENTIMIENTOS

Dios nunca quiso que la gente se consumiera con agitaciones internas y se quedara callada al respecto. Las siguientes son sugerencias para ayudar a una persona a expresar sus sentimientos:

1. Haz que la persona se sienta segura usando las técnicas de *escucha activa* que se encuentran en el capítulo 5.

2. Pide a la persona afligida que se imagine cómo se sentiría y qué pensaría al imaginarse viviendo con su problema o circunstancias. Dale a la persona varias palabras de sentimientos a considerar, ya que quizá esta sea la primera vez que habla de sus sentimientos. Mediante este proceso, haz que la persona afligida use la técnica del Paso V: "Abrazo de amor" del capítulo 10 para promover una exploración más profunda y la liberación de las emociones y los recuerdos.

3. Dile a la persona que la forma en que Dios nos creó originalmente fue para expresar las emociones, tan natural como tener lágrimas para expresar alegría o tristeza.

4. Haz que la persona ore para que el Espíritu Santo le dé guía y revelación para identificar sus sentimientos.

5. A medida que la persona comienza a expresar sus sentimientos, dale palabras de ánimo.

Tú has nacido con emociones como una función natural, para liberar energía y comunicarte con otros. Si no usas estas fuentes de expresión en la vida diaria, no experimentarás el gozo de la vida en su máximo potencial.

---

24. Bernie S. Siegel MD, *Peace, Love and Healing* (New York: Harper & Row, 1989), p. 29.

QUÉ HACER CUANDO ALGUIEN NO ESTÁ LISTO PARA PERDONAR

La falta de perdón es una de las barreras más comunes para la sanidad del corazón, la mente y el cuerpo. El acto de perdonar es una decisión personal, una acción espiritual y un paso esencial para obtener sanidad y restauración. Sin embargo, si el perdón es tan importante, no tiene sentido por qué la persona afligida se resistiría a perdonar. Pero si aún está consumida con algunas batallas internas (ira, dolor o injusticia), la emoción le ciega impidiéndole ver lo ilógico o dañino que es aferrarse al rencor. Perdonar tiene que ver con tomar una decisión lógica de liberar a alguien o algo de un evento que produjo injusticia o dolor. Como todo evento doloroso produce un trauma emocional, la persona debe revelar y soltar la emoción dañina, antes de sentirse justificada o segura para perdonar a otros. Si observas que la persona afligida hace algo de lo siguiente, es una buena señal de que no está lista para perdonar durante el proceso de la oración de sanidad:

+ dificultad para hablar de los sentimientos
+ no querer soltar la emoción perjudicial del pasado
+ querer continuar enojada o vengarse
+ miedo a que le vuelvan a hacer daño o miedo a ser vulnerable

Si una persona no quiere perdonar, por lo general creerá que hay una fuerte razón para aferrarse a la emoción. En estos casos, frases comunes cristianas como "entrégaselo a Jesús" o "llévalo a la cruz" no serán suficiente para que suelte del todo el asunto y perdone. Por consiguiente, el ministro de oración necesita una razón más poderosa para persuadir a la persona de que libere la emoción dañina y avance hacia el perdón. El ministro de oración puede probar el siguiente ejercicio para ayudar a la persona afligida a perdonar:

Instrucciones: El ministro de oración debe cerrar el puño de su mano izquierda y tener la palma abierta de su mano derecha. Después debe decirle a la persona afligida:

"Cuando te hicieron daño o se produjo una injusticia, otra persona (o evento) te subyugó de una forma que creó una emoción en ti. Este puño representa a la persona (o evento) que te dañó. Esta mano abierta eres tú experimentando la emoción. Como esta mano abierta eres tú cuando te hicieron daño, te apegaste a la persona (o evento) que te causó el dolor".

Pon tu mano derecha abierta sobre el puño de su mano izquierda. Después, debes decirle a la persona afligida:

"Mientras tus sentimientos sigan apegados a esta persona (o evento) le estás dando poder sobre ti. Eres esclavo emocional y espiritual de esa persona (o evento). Esta persona te hizo daño, y tú sigues siendo el que lleva cargando el dolor. ¿Quieres seguir así? ¿Quieres que la persona (o evento) tenga tanto poder sobre ti? ¿Quieres seguir impotente? ¿Estás listo para sentirte mejor?"

Mientras separas las manos, mostrando el puño de tu mano izquierda y la palma abierta de tu mano derecha, debes decirle a la persona afligida:

"Lo único que quiero hacer ahora es separarte del que te hizo mal. No te tiene que gustar lo que ocurrió. No tienes que perdonarlo aún. Tan solo imagínate con tus emociones separado de lo que ocurrió para que no tengas que estar controlado por esa persona (o evento)".

Ahora el ministro de oración debería usar la técnica del Paso V: "Soltar el trauma" / "Abrazo de amor" simultáneamente con el Paso II: "Oraciones para liberar un trauma" del capítulo 10.

QUÉ HACER CUANDO ALGUIEN NO PUEDE SOLTAR LA IRA, EL DOLOR O EL RESENTIMIENTO

Cuando la persona afligida no puede soltar la ira, el dolor o el resentimiento, esto es una confirmación de que hay heridas del pasado, o de que actualmente está viviendo en una situación que no es segura. Quizá oigas frases como "No los quiero en mi vida", "No puedo dejar de estar enojado con ellos", "Los odio; no me puedo creer que me hicieran esto", "Cómo han podido", "No es justo", "No puedo hacer nada al respecto" o "No puedo perdonarlos". Las emociones reprimidas que no se han soltado le consumirán y creará una barrera para darse cuenta de lo dañino que es aferrarse al dolor y a la injusticia. La persona afligida podría estar aferrándose a las emociones por razones como las siguientes:

+ Protección para no volver a ser herido

+ Temor a parecer débil o vulnerable

+ No recibir justicia o compensación por la ofensa

+ Continuar sufriendo la ofensa en el presente por una ofensa pasada similar que nunca se liberó

Los siguientes pasos derribarán las barreras para que comience la sanidad:

1. Pregúntale o dile a la persona afligida cualquiera de lo siguiente:

+ ¿Te gusta sentirte así, o este sentimiento te ayuda en tu situación?

+ ¿Tienes dolor o resentimiento por situaciones que continúan sucediéndote?

+ Mientras te aferras a estos sentimientos, le estás dando poder sobre ti a esas personas y situaciones. ¿Estás listo para cambiar como te sientes?

2. Comienza con los "Pasos para la Oración de Sanidad" (ver capítulo 10).

3. Si la persona afligida continúa teniendo dificultad para soltar las emociones de dolor, ira o resentimiento:

- Pregunta si hay un trauma de la infancia que haya que resolver. Ora para que el Espíritu Santo encuentre el trauma anterior y continúa con los "Pasos para la Oración de Sanidad".

- La persona afligida se está aferrando a estos sentimientos porque actualmente está en una situación que es dañina, insegura o es una carga.

Usa el Paso V del capítulo 10 para revelar y soltar cualquier recuerdo o emoción anterior, y/o sugiere tiempo a solas, o una separación completa de la persona ofensora si hay una amenaza de daño físico o emocional.

- Perdónate a ti mismo y a la familia por cualquier línea generacional de abuso, negligencia, etc. (Ver "Oraciones para enfermedades y maldiciones generacionales" del capítulo 10).

- Si persisten las emociones intensas, ora para que Jesús proteja a la persona y recomiéndale que busque más consejería cristiana de un profesional con experiencia.

QUÉ HACER CUANDO NO SE QUIERE A JESÚS EN EL PROCESO DE SANIDAD

¿Qué sucede si la persona no quiere que Jesús intervenga en el proceso de sanidad? ¿Qué sucede si está enojada con Dios o con Jesús, y no quiere tener nada que ver con Él?

Para algunos, forzar a Jesús en el proceso de sanidad puede causar más daño. Es importante que tengas una forma alternativa para crear un entorno seguro y que así la persona afligida sienta que es seguro revelar problemas más profundos y recibir sanidad.

Primero, tienes que entender que, cuando alguien no quiere la ayuda de Jesús, la mayoría de las veces se debe a que la persona no se siente segura después de haber sentido abuso, rechazo, abandono o desprotección por parte de figuras de autoridad (o por Jesús) durante un evento traumático de su infancia. Otra razón poderosa es que, cuando las oraciones no son respondidas durante eventos traumáticos, eso puede crear decepción, dolor, confusión, abandono, desconfianza y sentimientos de no ser amado. Cuando se producen estos eventos, especialmente en la infancia, la mente joven no puede encontrarle sentido al trauma. Como resultado, la mente crea creencias y pensamientos dañinos, tales como: *No puedo confiar en que Dios me ayudará; Dios no me protege, estoy solo; No soy lo suficientemente bueno para ser amado o para ir al cielo.* La creencia más común es la de sentirse desprotegido o no amado. Cuando estas huellas en la mente no se liberan, esto crea una crisis de fe y una dificultad para creer en la sanidad a lo largo de la vida. Antes de utilizar a Jesús como un método de sanidad, es importante que preguntes si puedes invitar a Jesús al recuerdo, ya que la persona afligida puede que no revele su desconfianza en Dios, y que no quiera decepcionar al ministro de oración.

Algunas indicaciones de que la persona afligida tal vez no quiere la ayuda a Jesús:

1. La persona expresa comentarios o sentimientos negativos sobre Dios o Jesús cuando describe los eventos del trauma.
2. La persona nunca ha tenido una relación con Jesús, o es de una cultura distinta o creencia espiritual que no reconoce a Jesús como Sanador o como el Hijo de Dios.
3. Cuando se incorpora a Jesús en el proceso de sanidad, la persona:
    a. no responde de forma positiva, o sus oraciones muestran poco progreso y eficacia limitada.
    b. se muestra más agitada, emocionalmente distante, o se cierra.

AYUDAR A LA PERSONA AFLIGIDA A SENTIRSE SEGURA

Cuando la persona afligida no se siente segura para liberar emociones (especialmente cuando piensa en Jesús), recuerdos o creencias dañinas, la sanidad de los recuerdos traumáticos será más difícil. Sentirse inseguro puede ser evidente cuando la persona:

- tiene dificultad para hablar de sus ideas o sentimientos con respecto a un recuerdo
- no recuerda o no quiere "ir al recuerdo" en su mente
- tiene dificultad para confiar en otros y en Jesús, específicamente en lo tocante a un recuerdo

Es importante conducir a la persona hacia una sensación de seguridad antes del proceso de identificar y liberar.

Se pueden incorporar los siguientes pasos cuando se use el Paso II del capítulo 10:

1. Pregunta a la persona afligida si puede imaginarse a alguien en quien confíe (un amigo, familiar, o ella misma de adulta) que pueda estar ahí como su protector. Mientras se imagina a la persona en la que confía protegiéndole, puedes continuar con el proceso de sanidad de dos formas:

   a. Pregunta a la persona si puedes continuar con el proceso de sanidad orando a Dios.

   b. O pregunta a la persona si puedes continuar con el proceso de sanidad usando el término "Espíritu de verdad" en lugar de Dios.

   c. Si la persona afligida no quiere ninguna espiritualidad en el proceso de sanidad, continúa usando solamente a la persona de confianza que ella ha designado.

2. Si la persona no puede pensar en nadie que le proteja, pregúntale si te puede ver a ti (como ministro de oración) como el protector. Aunque no recomiendo que la imagen del ministro de oración se use continuamente como

protector, tu meta es soltar el dolor suficiente como para presentar finalmente a Jesús a la persona afligida.

3. Pide a la persona que se imagine en una burbuja de protección con la persona de confianza (esto también se puede usar con Jesús cuando sea apropiado) y con la persona ofensora (o evento) fuera de la burbuja. Esta es una imagen sencilla y poderosa para crear un sentimiento de seguridad.

Estaba orando por una mujer llamada Cherie que recordaba una memoria de su infancia en la que su abuelo la traumatizaba sexualmente. Cuando usé los "Pasos para la Oración de Sanidad", ella fue directa en cuanto a su enojo con Dios y no quería que Jesús estuviera con ella en su recuerdo. Ella dijo: "Jesús no me protegió, así que no lo quiero aquí". Yo honré esa respuesta y le pregunté si tenía algún familiar favorito con quien ella se sintiera segura. Ella mencionó a su tío, así que le pedí que se imaginara dentro de una gran burbuja de protección con su tío, y con su abuelo fuera de la burbuja. Cuando se sintió a salvo del abuelo, pudo soltar el trauma emocional. Después le pregunté si permitiría que Jesús apareciera en la imagen. Ella accedió, y le pregunté qué estaba haciendo Jesús en su imagen mental. Ella se imaginaba a Jesús cargándola, y diciendo que todo iba a estar bien. Mientras le pedía que doblara sus brazos sobre su pecho mientras se imaginaba a Jesús cargándola, puse mi mano sobre su cabeza y oré la bendición del Padre sobre ella. Cherie comenzó a soltar lágrimas de alivio y un gozo de agradecimiento, porque finalmente era libre.

AYUDAR A LA PERSONA AFLIGIDA A CONFIAR EN JESÚS

Cuando el trauma emocional hace que una persona no confíe en la presencia de Jesús, cuanto más amor y compasión de Jesús le muestres, más progreso conseguirás. Para ayudar a la persona afligida a confiar en Jesús es importante revelar y liberar todas las emociones traumáticas y creencias dañinas que sean posibles. Las emociones bloquearán la capacidad de la persona de ver, sentir y confiar en la verdad. Esto es especialmente cierto si se produjo abuso, negligencia o abandono por parte de uno de los padres, especialmente del padre. Tus experiencias con tu padre terrenal a menudo afectarán tus creencias y expectativas de tu Padre celestial. Como resultado, hay que cambiar esta creencia dañina. Para hacer eso, usa las siguientes opciones:

1. Muestra compasión validando lo que la persona ha pasado y el dolor que le ha causado. Para más detalles, revisa la sección de "Escucha activa" del capítulo 5.

2. Para identificar y liberar emociones y recuerdos más profundos, usa simultáneamente el Paso II y el Paso V del capítulo 10. Debido a su falta de confianza, reemplaza la imagen de Jesús por la de otra persona de confianza, como mencioné arriba.

3. Una de las principales razones para no confiar en Dios se debe a la falta de una relación de amor con Dios. Haz que la persona piense en los niños que hay en su vida, ya sean suyos o de familiares o amigos. Después haz las siguientes preguntas (altéralas según sea necesario):

    a. ¿Amas a los niños (o a tus niños) a pesar de lo que hagan?

    b. Si un niño hiciera algo mal, ¿aún así lo seguirías amando?

    c. ¿Es Dios tu Padre celestial? ¿Eres hijo de Dios?

    d. Si tú puedes amar a tu hijo, al margen de lo que haga, ¿por qué no iba a poder Dios, que es tu Padre celestial, amarte al margen de lo que tú u otra persona hayan hecho?

Estas son preguntas adicionales para que medite si le sigue costando confiar en Dios/Jesús:

1. ¿Por qué tu amor por tu hijo es mayor que el amor de Dios por ti como su hijo?
2. ¿Qué hace que tu amor por un niño sea más importante que el amor que Dios siente por ti como su hijo?
3. Si tu protegerías a un niño, ¿por qué piensas que Dios no te amaría y te protegería a ti?
4. ¿Puedes dejar ahora que Dios te ame, así como tú amas a los niños que hay en tu vida?

Tras hacer estas preguntas, haz que la persona cierre los ojos y se imagine a Jesús con ella. Pregúntale qué ve hacer a Jesús. Si persisten las creencias o emociones dañinas, ese es por lo general un indicador de la existencia de dolor emocional de alguna otra persona importante de su vida que tiene que ser revelado y liberado. Repite el Paso II de los "Pasos para la Oración de Sanidad".

QUÉ HACER CUANDO LA SANIDAD SE PRODUCE POR CAPAS

Aunque Jesús es capaz de producir sanidad mediante una sencilla oración, puede haber veces en las que la sanidad no se produzca hasta que atravieses varios asuntos o "capas". Este tipo de sanidad se puede producir en el transcurso de unas horas o puede que sean necesarias muchas sesiones de oración para soltar múltiples problemas dañinos. También he visto situaciones en las que las oraciones solo producen una mejora temporal, o en la que los síntomas regresan a los pocos días o semanas. Esto puede ser evidencia de que necesitas ampliar tu búsqueda o revelar las varias capas de los problemas, como un pecado no confesado, falta de perdón o trauma emocional (ver el capítulo 12, "Amplía tu búsqueda cuando la sanidad no se produce"). Piensa en ello como si pelaras una cebolla. Quizá necesitas muchas oraciones para identificar y liberar una capa tras otra de daño causado por personas importantes en tu vida que te decepcionaron o dañaron durante los años. Puede haber veces en las que Dios quiera quitar todas las capas con una sola oración, mientras que otras veces Él permitirá que tú reveles e identifiques cada incidente, uno tras otro, hasta que llegues al núcleo de tu cebolla. Para la persona afligida, la intensidad de la emoción, la importancia de los incidentes y el nivel de vulnerabilidad infligido por la injusticia (por ejemplo, miedo a que le ocurra algo malo), desempeñan su parte a la hora de cuán efectiva será una persona para soltar la emoción y el recuerdo.

Dios es lo suficientemente poderoso como para eliminar toda emoción negativa y dañina, pero también respeta la libertad de elección que te ha dado, en caso de que tú decidas aferrarte a lo que no estás preparado para soltar. Es aquí donde el ministro de oración puede crear un entorno seguro para que la persona afligida suelte cada incidente dañino (capa) o vaya directamente a los asuntos cruciales originales. Cuando el trauma central original es liberado, las capas subsiguientes de traumas de la infancia a menudo comenzarán a caer automáticamente.

Es importante escuchar, observar pistas, y estar sintonizado con lo que el Espíritu Santo quiere que hagas mientras oras. Tener que orar repetidamente por una enfermedad no es necesariamente una señal de falta de fe o de una vida de oración débil, sino que puede ser una señal de que hay más asuntos que identificar y liberar. Algunas de las razones por las que el trauma viene en capas puede ser debido a lo siguiente:

1. Eventos traumáticos separados durante un periodo de tiempo. Esto puede incluir decepción, pérdida e injusticias causadas por familiares, amigos, situaciones laborales, etc. Cada evento se debería revelar, soltar y restaurar usando los "Pasos para la Oración de Sanidad", a menos que seas guiado a orar por todos los asuntos a la vez.

2. Múltiples experiencias traumáticas del mismo evento en la vida. Si tus sentidos son bombardeados con emociones por los efectos del trauma, como un abuso repetido (por ejemplo, acoso sexual de la misma persona) o un accidente de tráfico con muchas experiencias traumáticas

(por ejemplo, sentirte atrapado en el automóvil, un viaje doloroso al hospital, ver morir a alguien, etc.), quizá necesites una sanidad en capas. Tendrás que orar por el trauma inicial y también por cada capa del nuevo trauma, durante el trauma, y vivir con los efectos duraderos del trauma. Todas estas capas se deberían revelar, liberar y restaurar usando los "Pasos para la Oración de Sanidad", a menos que te sientas guiado a orar por todos los asuntos a la vez.

3. Mientras más tiempo haya vivido la persona afligida con el problema, más probable es que haya creado una vida o identidad alrededor de ese problema. Tendrás que orar por la aparición inicial del trauma, la incomodidad de vivir con los efectos del trauma, el miedo y la decepción de no ser sanado, y la transformación de su mente de vivir como una persona enferma a vivir como una persona sana (ver Romanos 12:1-2). Puede que la persona se resista a soltar las emociones de largo plazo por miedo a no recibir su sanidad, y por miedo a cómo vivirá de otra forma después de ser sanada. Todas estas capas se deberían revelar, liberar y restaurar usando los "Pasos para la Oración de Sanidad".

Una vez oré por una mujer que se golpeó la cabeza contra el piso mojado al escurrirse en el trabajo. Sufrió una conmoción cerebral y no pudo trabajar durante meses debido a las migrañas y el dolor crónico en cuello, hombros y espalda. Finalmente, tuvo que dejar su empleo porque el dolor no le permitía volver a trabajar. Cuando oré por primera vez por el trauma inicial en su lugar de trabajo, ella pudo irse libre de dolor. Cuando la vi una semana después, sin embargo, el dolor había regresado. Cuando le pedí más información, me dio detalles de su lesión que no había escuchado antes. Parece que después de su caída y la lesión en la cabeza, estuvo en el piso agonizando, aterrada de no poder volver a caminar de nuevo. Me di cuenta de que la poderosa emoción de estar tumbada e indefensa en el piso no la habíamos tratado anteriormente. Cuando le pedí que se imaginara a Jesús con ella en ese piso, ella pudo soltar el miedo y su dolor se fue. Cuando volví a verla unas semanas después, el dolor había vuelto de nuevo. En ese momento, me di cuenta de que no le había preguntado por su tiempo después del accidente, cuando estaba recuperándose en casa, sintiéndose desamparada y desesperanzada. Parecía que estaba experimentando niveles más intensos de sentimientos de desamparo de lo esperado por el accidente. Le preguntamos a Dios si había alguna experiencia de su infancia que creara esa extrema sensación de desamparo. Cuando pudo revelar y soltar un evento de desamparo de su infancia, el dolor se fue de su cuerpo de nuevo. Cada vez que nos reuníamos, Dios revelaba más y más capas de dolor de su accidente, incluyendo enojo con su jefe, dolor por su pérdida de la independencia física, y sentimientos de depresión por tener que vivir con la lesión.

El punto es que, cuando la sanidad no se produzca o cuando regrese el problema, amplía siempre tu búsqueda de más detalles que rodeen los eventos. Como dije antes, con cada trauma físico hay siempre una emoción correspondiente (la sientas o no). En casi cada caso, el trauma emocional seguirá a una lesión física. Incluso aunque no necesito oír todos los detalles traumáticos para que Dios sane (Él ya los conoce), sigue existiendo la necesidad de usar el Paso II de los" Pasos para la Oración de Sanidad" para identificar las principales emociones encontradas antes, durante y después de un evento traumático.

TRAUMA DE LA VIOLENCIA DOMÉSTICA INCOMPRENDIDA

Por desgracia, la violencia doméstica y la irresponsabilidad son demasiado comunes, y son causas muy incomprendidas de traumas. La mayoría de las personas asocian el término violencia doméstica solo cuando hay abuso físico. Sin embargo, la violencia doméstica también incorpora un amplio espectro de tratos dañinos que a menudo se convierten en un problema subyacente que hay que identificar y liberar. Recomiendo encarecidamente que te familiarices con estas distintas formas de violencia doméstica que causan trauma. Cualquiera que pueda relacionarse con uno o más de los siguientes indicadores, está viviendo en una situación doméstica dañina o irresponsable.

- **Abuso emocional:** crítica, trato del silencio, juegos mentales, usar el pasado en tu contra, contar a otros tus asuntos personales sin el debido permiso.

- **Abuso verbal:** insultar, menospreciar, intimidar, criticar, frases sarcásticas y gritos constantes.

- **Intimidación:** inculcar temor o control usando amenazas, gestos, miradas y lenguaje corporal amenazantes, tirar las cosas o destruir propiedades, dar portazos y golpear paredes.

- **Abuso sexual:** Forzarte a tener sexo en contra de tu voluntad, tratarte como un objeto, menospreciarte o criticarte cuando no quieres tener sexo, tocamiento sexual no deseado, y revelar tus partes privadas a la fuerza.

- **Amenazas/chantaje emocional:** verbalizar o lanzar amenazas para conseguir lo que se quiere, o hacer frases y gestos amenazadores hacia ti o algún familiar.

- **Abuso físico:** golpear, empujar, dar una bofetada, ahogar, dar patadas, tirar del cabello, doblar el brazo y disciplina física excesiva.

- **Abuso económico:** impedir que consigas o que te vayas de un trabajo, controlar tu dinero limitando el acceso a las cuentas bancarias o lanzando amenazas que tengan que ver con el dinero.

- **Usar una actitud de superioridad:** tratarte como un sirviente, no incluirte en las decisiones familiares, actuar como el "amo del castillo" o enseñorearse de su autoridad sobre ti.

- **Abuso religioso:** usar a Dios o las Escrituras como un medio para controlar tu conducta, juicios crueles, castigos o crítica, o hacer comentarios como: "¿Y tú te llamas cristiano?", "Dios te castigará por esto", "Dios no se agrada contigo" o "Vas a ir al infierno".

+ **Abandono y trauma desconocido:** aislamiento forzoso, negar las necesidades básicas durante largos periodos, no recibir información, ánimo, afecto o nutrir (por ejemplo, no decirte que eres amado y valorado, no dar afecto físico como abrazos y besos).

OTRAS BARRERAS QUE PUEDEN BLOQUEAR LA SANIDAD

Si la sanidad no se produce, pídele al Espíritu Santo que te guíe a cualquiera de los siguientes obstáculos que pudieran estar bloqueando la sanidad. Incluso si la persona afligida ha recibido ministración en el pasado para muchos de los siguientes obstáculos, es común que las emociones no resueltas del pasado no se traten. (Para más detalles sobre estos obstáculos para la sanidad y cómo tratarlos, recomiendo mi libro *Finding Victory When Healing Doesn't Happen,* [Encuentra la victoria cuando no se produce la sanidad]).

+ **Falta de perdón hacia otros, hacia Dios o a ti mismo.** Pregúntale a la persona si hay alguien a quien tenga que perdonar. Una vez oré cinco veces por una mujer con una lesión en el cuello de un accidente con muy poco cambio. Cuando le pregunté por el perdón (debería haberlo preguntado antes), ella perdonó al otro conductor por chocar con su automóvil, así como a su madre por otras razones. En ese momento, el problema de su cuello mejoró.

+ **Pecado.** Pregunta a la persona sobre pecado no resuelto en su vida, o si cree que Dios está enojado con ella por los pecados pasados. El pecado es fácil de limpiar simplemente pidiéndole perdón a Dios (ver Efesios 1:7). O bien, haz que la persona pida perdón por cada pecado, o pídele a Dios que perdone todos sus pecados de una vez.

- **Incredulidad, indignidad.** Esto puede incluir no creer que la sanidad es para ti, no creer que eres digno de ser sanado, y no creer que eres lo suficientemente bueno para ser sanado. Lo que dice una persona y cómo usa sus palabras será una señal reveladora de esto (ver capítulo 12, "Amplía tu búsqueda cuando la sanidad no se produce"). Pregunta si cree que puede ser sanada y si se siente digna de ser sanada. Si no se siente digna, usa los "Pasos para la Oración de Sanidad" para resolver la indignidad.

- **Temor y duda.** Debido a sentimientos de rechazo no resueltos, falta de amor, pérdida, decepción y traumas emocionales o físicos, la persona seguirá interpretando la vida, la sanidad, la salvación y a Dios desde un lugar de temor y duda. Por lo general, la persona duda de las verdades sobre la sanidad, teme que la sanidad no se producirá en su caso, o teme que las situaciones de su vida empeorarán. Usa los "Pasos para la Oración de Sanidad" para trabajar en esto.

- **Guerra espiritual.** Esto incluye maldiciones generacionales, conjuros, temores, conductas y espíritus atmosféricos causados cuando los demonios afectan espiritualmente la mente y el cuerpo de formas que parecerían estar fuera del pensamiento racional. Los demonios no pueden tomar por completo el cuerpo y la mente de un cristiano nacido de nuevo, pero pueden influenciar, despistar, oprimir, dañar y abrumar la mente, el cuerpo y el espíritu. Como creyente, tienes poder y autoridad sobre el enemigo (ver Marcos 16:17).

12

AMPLÍA TU BÚSQUEDA CUANDO LA SANIDAD NO SE PRODUCE

Cuando has orado por sanidad varias veces y sigue sin haber ningún cambio, es momento de *ampliar tu búsqueda* para revelar emociones o recuerdos tempranos que puede que sean barreras para el proceso de sanidad. Cuando se identifican y se liberan barreras del pasado, el alma será libre para fluir en sanidad. Incluso Jesús entendía la importancia del pasado cuando le preguntó al padre acerca de su hijo poseído en Marcos 9:21: *¿Cuánto tiempo hace que le sucede esto?* Para ayudarte con tu búsqueda, pide al Espíritu Santo que te dé revelación y dirección al seguir estos pasos. Puedes utilizar el proceso de ampliar tu búsqueda durante el Paso II de los "Pasos para la Oración de Sanidad" (ver capítulo 10), incorporando las siguientes sugerencias:

1. CONSIGUE MÁS DETALLES

(Pregunta a la persona afligida): "¿El problema o la emoción fue causado por un evento, un ofensor, o no hubo ninguna razón identificable?". Haz que la persona describa brevemente la experiencia, incluyendo la sensación que tuvo cuando sucedió. Si no puede identificar una razón para el problema, pregúntale cuándo experimentó los síntomas por primera vez, y qué eventos estresantes le sucedieron a la persona, o a otras personas cercanas, en los meses (o el año) antes de que comenzaran los síntomas. A medida que consigues más detalles, haz lo siguiente:

ESCUCHA LAS PALABRAS PRONUNCIADAS Y PRESTA ATENCIÓN A CÓMO LAS DICE

Las palabras a menudo revelan el origen del trauma original. Como mencioné antes, la emoción no resuelta debida a un trauma temprano en la vida puede ser tan potente, que una persona seguirá reaccionando en conducta y en palabras apropiadas para una persona de la edad que tenía en el trauma original. Puede que la persona no sea consciente de sus palabras o sus reacciones infantiles, pero tú lo verás.

Por ejemplo, mientras ministras a la persona afligida, puedes oír frases como:

- "La vida es muy injusta".
- "Soy muy malo; ¿cómo puede amar Dios a alguien como yo?".
- "No puedo avanzar".
- "Tengo miedo al futuro".
- "Nadie me ama".
- "No soy una buena persona".

Además, tal vez oigas palabras como *indefenso, desesperanza, atascado, limitado, restringido, indigno, no merecedor, no puedo, miedo, no deseado, solo, enojado, vacío, no querido, inadecuado, estúpido, tonto*, etc. Aunque estás oyendo palabras adultas, en realidad representan emociones infantiles que se liberan de maneras que la persona afligida no podía expresar o no expresó cuando era un niño herido. En esencia, estás oyendo palabras adultas que representan su niñez herida.

Annette sintió un dolor de nivel seis en su hombro por cuatro meses, pero no era consciente de la causa. Oramos varias veces, pero el dolor descendió solamente a nivel cuatro, de modo que amplié mi búsqueda preguntándole qué sucedió cinco meses atrás (un mes antes de que comenzara el dolor). Annette se sintió herida y resentida cuando su hermano hizo comentarios desagradables en una reunión familiar. Cuando le pregunté si había sucedido algo físicamente, recordó haber hecho algunos ejercicios y sentir un dolor en sus hombros, pero se olvidó del asunto. Le pregunté cómo era vivir con los comentarios de su hermano y también el dolor de hombro. Annette dijo que se sentía como una víctima y sin poder hacer nada al respecto. Como yo sabía que sus palabras no encajaban con su aspecto y sus capacidades como adulta, estaba claro que esos sentimientos provenían de un tiempo anterior en su vida. Cuando le pedí al Espíritu Santo que llevara a Annette a un recuerdo del pasado cuando se sintió una víctima, ella recordó un tiempo en su niñez cuando su hermano hirió físicamente su hombro. En ese tiempo, cuando le dijo a su mamá lo que había sucedido, su hermano lo negó y su mamá le creyó a él. Ese fue el punto en el que Annette desarrolló un resentimiento de por vida hacia su hermano, al igual que la falsa creencia de que ella no era lo bastante buena. Después de liberar esa emoción, fue capaz de perdonar a su hermano y a su mamá, y el dolor de su hombro desapareció sin tener que orar más.

Normalmente, el modo en que manejas las situaciones en el presente se ve afectado por cómo te trataron tus cuidadores, o cómo los viste manejar experiencias similares en el pasado. Si no aprendiste una manera mejor de lidiar con la situación, o si no te permitieron sanar emociones heridas, seguirás pensando y comportándote del mismo modo en la edad adulta. Por consiguiente, el modo en que aprendiste a manejar las circunstancias de la vida relacionadas con el dolor, el sufrimiento y el trauma en la niñez se reflejará en cómo te comportas y respondes a la vida como persona adulta.

Los siguientes son indicadores de alguien que vive con emociones heridas del pasado:

- necesidad
- preocupación

- temor
- enojo
- discusión
- quejas
- ineptitud
- mentalidad de víctima
- ataques de pánico
- autocrítica
- defensiva
- preocupaciones por el aspecto personal o por lo que la gente piense de ti
- retirada emocional y física
- arrebatos verbales o de conducta
- pataletas aun siendo adulto
- evitar el contacto visual
- temor al conflicto
- dar portazos
- indignidad o no sentirse merecedor de cosas buenas

Si ves o escuchas expresiones emocionales o frases como las enumeradas anteriormente, esa persona ha experimentado traumas no resueltos en el pasado que intensifican la expresión de la emoción en circunstancias presentes. Esto crea una barrera para la sanidad. Antes de que pueda ocurrir la sanidad, tendrás que ampliar la búsqueda para que Dios pueda revelar, liberar y resolver esas experiencias de trauma del pasado.

UBICACIÓN DEL PROBLEMA EN EL CUERPO

Una de las mejores indicaciones para determinar cómo ha afectado el problema a la persona, y qué asuntos siguen sin estar resueltos, es observando qué parte del cuerpo está experimentando la enfermedad o el problema. Cuando identificas la ubicación del problema, puedes buscar la conexión emocional entre mente y cuerpo con esa área en particular y comenzar a orar por sanidad (ver detalles concretos acerca de enfermedades que afectan a partes del cuerpo en particular en el capítulo 15).

CADA PARTE DE TU CUERPO TIENE UNA FUNCIÓN Y UN PROPÓSITO

Cuando hay un trauma físico y emocional, la parte del cuerpo puede que no funcione como se esperaba hasta que haya una liberación del trauma. Por ejemplo, a continuación, verás que la ubicación en el cuerpo de la columna vertebral tiene la importante función de sostener toda la estructura corporal. Sin la columna vertebral no podríamos estar de pie ni sentarnos erguidos. Es interesante que la influencia emocional principal para la falta de sanidad de enfermedades de la columna es la falta de apoyo emocional. Como resultado, es importante que identifiques traumas del pasado en los que la persona afligida no se sintió, o sigue sin sentirse, apoyada emocionalmente. Se puede reprimir la emoción de hace treinta años en el pasado, solo para verla resurgir debido a un evento presente que evoca la misma emoción. Las personas a menudo apartan (reprimen) viejas heridas y descartan sentimientos del pasado diciendo cosas como: "Ya no me molesta", "Lo perdoné hace mucho tiempo". Como mencioné antes, reprimir la emoción del pasado puede convertirse en una barrera para la sanidad de los efectos actuales del trauma. Además, incluso si *dices* que has perdonado a alguien, debes aprovechar la oportunidad de identificar adecuadamente y liberar la emoción poco sana y reprimida para asegurar un perdón adecuado desde el corazón. La siguiente tabla es un ejemplo de la conexión emocional con la ubicación y la función corporal (ver detalles en el capítulo 15).

Ubicación corporal	Función/Propósito de la parte	Conexión emocional
Columna vertebral	Estructura de apoyo para el cuerpo	Falta de apoyo emocional.
Hombros	Llevar cargas	Estrés abrumador. La carga de cuidar de otros.
Cuello	Estabilidad estructural y apoyo para la cabeza	No puede soltar sentimientos, estado mental inflexible. Alguien es "¡un dolor en el cuello!".

2. COMBINA LA UBICACIÓN CORPORAL Y LAS PALABRAS QUE OYES

Al ampliar la búsqueda, escucha al Espíritu Santo y combina la ubicación del problema con las palabras y los sentimientos que ves y oyes. Esto te dará más indicaciones con respecto a qué podría estar bloqueando la sanidad. Los siguientes ejemplos te darán cierta idea de cómo combinar la ubicación y las palabras.

DOLOR DE ESPALDA

Cuando la persona afligida se queja de dolor de espalda por mucho tiempo, puedes recordar que la columna vertebral es una importante estructura de apoyo para el cuerpo, pero su conexión emocional se debe a falta de apoyo emocional por parte de personas o lugares importantes (trabajo, escuela, iglesia, etc.). Como resultado, puedes hacer lo siguiente:

+ Pide al Espíritu Santo que revele cualquier evento o trauma del pasado cuando comenzó el problema o la enfermedad.

+ Pregunta a la persona si alguna vez ha sentido falta de apoyo por parte de una persona importante o una organización en su pasado o en el presente.

+ Cuando la persona identifique a personas que no le proporcionaron o que actualmente no le proporcionan el apoyo emocional necesario, haz que describa cómo era sentir la falta de apoyo (identifica a las personas ofensoras tan pronto en la vida como sea posible). Recuerda que la mayoría de los adultos que se relacionan con la vida como *una víctima* o una *persona indefensa* (como mencionamos anteriormente en la p. 130) están mostrando conductas y sentimientos que aprendieron en el pasado.

- Si la persona no puede recordar personas o lugares concretos, pídele que se imagine a sí mismo de niño en su hogar, y que describa lo que cree que habría sido vivir allí. Pregunta si se sintió apoyado emocionalmente cuando era niño.
- Entonces realiza el Paso II de los "Pasos para la Oración de Sanidad".

Después de haber orado cuatro veces por una mujer que tenía dolor de espalda, seguía sin haber ningún cambio en su dolor. Le pregunté acerca del perdón, y me dijo que necesitaba perdonar a su hermano por un acto sexual cuando ella era pequeña. También necesitaba perdonar a sus padres por no haberla protegido. Cuando perdonó a todos, el dolor desapareció. A primera vista se podría pensar que el evento con su hermano no tenía nada que ver con su dolor de espalda; sin embargo, esta mujer cargaba con emociones de resentimiento debido a su experiencia de no experimentar amor y apoyo por parte de su familia. Cada herida reprimida bloqueaba su sanidad.

RODILLA Y PIERNAS

Como el propósito de nuestras piernas, rodillas y pies es proporcionar movilidad, si la persona afligida te habla sobre sentirse *restringida, atascada, incapaz de avanzar en la vida,* o *indefensa para hacer cambios,* es probable que se sintiera del mismo modo en algún momento en su pasado. Esto surge normalmente de situaciones como tener unos padres demasiado estrictos, relaciones abusivas o a alguien con una enfermedad médica. La emoción del pasado no resuelta intensificará cualquier emoción sentida en las circunstancias presentes, y crea una barrera para la sanidad. Normalmente, si la persona ha vivido con esos sentimientos el tiempo suficiente, tal vez no vea la conexión emocional existente con una ubicación concreta en el cuerpo o la conexión con la situación del pasado; sin embargo, su cuerpo le está diciendo lo contrario. La mayoría de las personas apartan esas ofensas, creyendo que han terminado con ellas. Puedes recorrer estos sencillos pasos:

* Pide al Espíritu Santo que revele cualquier problema no resuelto del pasado.

* Pregunta a la persona sobre un evento, persona o situación que haya causado esos sentimientos de desesperanza.

* Si batalla para recordar, pídele que describa lo que debió haber sido vivir de ese modo.

* Haz el Paso II que se encuentra en los "Pasos para la Oración de Sanidad".

HOMBROS

El dolor de hombros que no sana tiene una conexión emocional con cargar con el estrés y las cargas de cuidar de otros, con situaciones abrumadoras, lidiar con dificultades financieras, y la incapacidad de establecer límites sanos con otras personas.

Vi a una mujer que había sufrido dolor de hombros por quince años. La oración y el tratamiento médico no habían servido para aliviar su dolor. Cuando le pregunté de quién era ella responsable, apareció una expresión de estrés en su rostro cuando me explicaba que había estado cuidando de su mamá desde los quince años que hacía desde que su papá había fallecido. A lo largo de los años, la abrumadora carga había aumentado su dolor de cuello y de hombros debido a una lesión del pasado. Cuando oramos, ella liberó primero la tristeza por la muerte de su papá, y después liberó la falsa creencia de que solamente ella era responsable del cuidado de su mamá. Después de haber perdonado a su mamá y a ella misma por aceptar esa carga y la falsa creencia, su dolor desapareció automáticamente.

1. Pide al Espíritu Santo que revele problemas no resueltos del pasado.
2. Pregunta a la persona afligida sobre un evento, persona o situación que haya causado que acepte responsabilidad o cargas abrumadoras.
3. En ese caso, pide a la persona que describa cómo ha sido hacerse cargo de esa responsabilidad.
4. Haz el Paso II de los "Pasos para la Oración de Sanidad".

CABEZA

Cuando la persona afligida se queja de problemas físicos de largo plazo no resueltos, como dolores de cabeza y migrañas, con frecuencia se siente abrumada, experimenta estrés emocional o mental, y no ha aprendido a lidiar con la presión y el estrés. Si cargas con cantidades excesivas de responsabilidad, o si tienes dificultades para expresar sentimientos, eres propenso a sentirte abrumado y estresado. Mientras más tiempo hayas vivido con ello, menos consciente serás del impacto de tu nivel de estrés.

1. Pide al Espíritu Santo que revele problemas no resueltos del pasado.
2. Pregunta a la persona afligida si es capaz de expresar sentimientos libremente, y si está experimentando situaciones estresantes en su vida.
3. Pídele que describa cómo ha sido vivir de ese modo. La persona necesita identificar y liberar regularmente sus sentimientos.
4. Haz el Paso II de los "Pasos para la Oración de Sanidad".

UNIR TODO CUANDO AMPLÍAS TU BÚSQUEDA:

Cuando pides dirección al Espíritu Santo mientras estás ampliando tu búsqueda, podrás más fácilmente combinar información acerca de la fuente del problema, evaluar las palabras que se están expresando y determinar lo que está bloqueando la sanidad. Si la sanidad sigue sin producirse, amplía tu búsqueda usando los siguientes pasos:

1. Escucha palabras y expresiones de sentimientos.
2. Observa la ubicación del problema en el cuerpo.
3. Pregunta sobre otros obstáculos que pueden bloquear la sanidad. (Repasa en el capítulo 11: "Otras barreras que pueden bloquear la sanidad").
4. Considera la ubicación del dolor en el cuerpo y las palabras que se están expresando, y entonces pregunta a la persona afligida sobre un evento, persona o situación que pueda haber causado o pueda haber contribuido a los sentimientos que ha descrito. Para obtener mejores resultados durante el ministerio, utiliza simultáneamente el Paso II y el Paso V que se encuentran en el capítulo 10.

13

¡LAS ORACIONES DE SANIDAD PUEDEN FUNCIONAR TAMBIÉN PARA TI!

Josh se hizo una hernia de disco cuando era niño, y después volvió a lastimarse la espalda mientras practicaba deporte cuando era adolescente. Esto causó inflamación de disco, con lo cual vivió por muchos años. Cuando Josh pasó por una cirugía de espalda tres años antes, un accidente en la mesa de operaciones causó que se quedara en el hospital por meses. Como resultado, sufrió problemas físicos graves, como debilidad en las piernas por debajo de las rodillas, y la incapacidad de caminar, estar de pie o sentarse sin dolor. La oración y tratamientos médicos no habían sido exitosos en su sanidad, y sus traumas emocionales y de memoria nunca se habían abordado. Oré con Josh mientras imaginaba a Jesús con él antes, durante y después de la cirugía, al igual que en los tres meses que pasó en la cama del hospital. Cuando le pedí a Dios que eliminara el trauma físico y emocional de Josh, su nivel de dolor descendió a la mitad del que había sido. Cuando le pedí a Josh que se perdonara a sí mismo y a otros por las repetidas lesiones, su dolor de espalda desapareció por completo.

Alabo a Dios cuando veo a personas como Josh ser libres de una vida de enfermedad y sufrimiento. Sin embargo, debo admitir que hubo un tiempo al principio de mi caminar cristiano cuando me preguntaba si Dios podría sanar a personas mediante mis oraciones. De hecho, si regresamos aún más atrás, ni siquiera sabía que los cristianos habían de orar por sanidad. He llegado a entender que mis experiencias anteriores en la iglesia eran como las de muchas personas que nunca han oído o experimentado oración de sanidad. Para algunos, orar por sanidad lo hacían solamente los líderes ungidos de Dios. Como tus primeras experiencias con la oración de sanidad crean tu expectativa para la sanidad más adelante en la vida, mientras más exposición tengas a los milagros de Dios, más te aferrarás a la creencia de que los milagros son reales. Sin embargo, una barrera común para la sanidad es la falta de creencia en que Dios puede sanar a otros mediante tus propias oraciones.

Recuerda que la medida de tu fe puede ser determinada por la medida de fe que alguien de mayor autoridad te dio. Hay una iglesia que conozco donde se enseña a todos y se alienta la oración por sanidad como un modo de vida. Incluso los niños pequeños tienen clases de escuela dominical acerca del poder de la oración de sanidad, y se espera de ellos que oren por otros. Escucho historias como la de un niño de seis años que observó a un hombre que caminaba con cojera por el pasillo de la iglesia. El muchacho preguntó al hombre si podía orar por su problema físico, y cuando el muchacho oró, ¡el problema del hombre fue sanado! Como la oración de sanidad era una parte normal de la vida familiar y de la iglesia de este muchacho, orar y creer por sanidad era algo natural. *Y todo lo que pidiereis en oración, creyendo, lo recibiréis* (Mateo 21:22).

CUANDO CREER POR TU SANIDAD NO LLEGA FÁCILMENTE

Como con muchas personas, mi fe en la sanidad no llegó fácilmente. Cuando estaba en la universidad, trabajaba en la cocina de la escuela, y me inclinaba sobre grandes pilas para limpiar cacerolas y sartenes para ayudar a pagar mi matrícula. Tras muchos meses, ese trabajo cobró su factura en mi espalda. Una noche, cuando estaba levantando de la pila una pesada olla, sentí un dolor intensamente agudo en la parte baja de mi espalda, como si alguien me hubiera apuñalado. Terminé en urgencias para que me trataran. Durante los treinta días siguientes soporté dolores de espalda, con episodios de dolor muy fuerte que llegaban con una fuerza debilitante. Hacía la rutina normal de visitas al médico, descanso en la cama y analgésicos para tener algo de alivio, y me dijeron que aprendiera "a vivir con ello".

Aunque, como profesional, yo veía el poder de Dios ayudando a otros a ser sanados de dolor emocional y sufrimiento, batallaba con el porqué yo no podía obtener mi propia sanidad. Sabía que no quería vivir de ese modo, y que servía a un Dios poderosos. Más adelante entendí que nunca había reconocido lo mucho que mi problema físico estaba influenciado por mis problemas emocionales y la falta de conocimiento sobre la sanidad física.

Durante aquellos años de sufrimiento, experimenté uno de esos episodios de la espalda que producían un dolor atroz. Sin querer decepcionar a mi familia, me forcé a mí mismo a realizar actividades familiares. Cuando no pude conseguir una cita con el médico antes del fin de semana, mi esposa y yo comenzamos a orar por mi espalda. En ese tiempo, orar estaba en el segundo o tercer lugar de la lista de prioridades de tratamientos. Aunque no hubo alivio alguno, finalmente oí al Señor decir: "Espera hasta el domingo". En aquella época no éramos parte de una iglesia que oraba por sanidad, así que no entendíamos lo que Dios quiso decir con eso. Pero mi esposa y yo teníamos hambre de ver milagros de sanidad y experimentar más de lo que Dios tenía para nosotros, así que decidimos visitar una iglesia porque los pastores nos habían invitado a asistir unas semanas antes.

Aunque tenía mucho dolor en la espalda, decidimos asistir a la nueva iglesia con una sensación de anticipación por lo que Dios iba a hacer. Al final del servicio, el pastor invitó a cualquiera que necesitara oración de sanidad a pasar al frente. Pensamos que debía ser un "momento de Dios", ya que yo no esperaba que hubiera oración de sanidad durante nuestra visita a esta iglesia. Batallé para poder llegar al frente con el dolor atroz normal que explotaba en la parte baja de mi espalda y me llegaba hasta las piernas. Me agarraba a cada banco mientras avanzaba lentamente por el pasillo. Aunque sabía que era extraño, obedecí cuando el equipo de oración me pidió que me tumbara en el piso. Mientras batallaba para tumbarme, estaba lleno de temor y de emoción por lo que podría suceder. Sabía que el Señor podía sanar; pero había experimentado dolor por tanto tiempo que tenía dudas sobre mi sanidad. Los ministros de oración dieron órdenes sencillas pero firmes para que mis caderas y mis piernas se ajustaran, y que Dios produjera sanidad.

No lo entendía todo, pero estuve dispuesto a ser obediente cuando me pidieron que me pusiera de pie y probara mi espalda. Con mi cautela normal, me giré a un lado y me di cuenta de que no sentía dolor. Eso me alentó a seguir moviéndome, ¡y me puse de pie sin ningún dolor! Al principio estaba asombrado, y después lleno de gozo, mientras intentaba procesar lo que acababa de suceder. Caminé por el santuario alabando a Dios, pues me sentía totalmente sanado. Después de ese día, me tomó tres semanas pasar de la preocupación de anticipar que el dolor regresaría, a creer plenamente que estaba sanado por completo. No había instrucciones sobre cómo actuar como una persona con salud, de modo que tuve que volver a pensar en cómo vivía la vida sin tener dolor de espalda. Todo el tiempo seguí leyendo lo que Dios decía en su Palabra sobre la sanidad, y tuve que recordarme a mí mismo constantemente que estaba bien siempre que enfrentaba actividades que me habrían causado dolor de espalda. En toda la situación, entendí que necesitaba cuidarme, con estiramientos regulares, ejercicio y caminatas para mantener fuerte mi espalda.

MEJORAR TU FE PARA CREER EN LA SANIDAD

Tras aquella experiencia asombrosa, eché una firme mirada a mi propia relación con Dios y cómo veía yo la oración de sanidad. Entendí que mi fe en Dios era fuerte; pero mi creencia en que Él obraría por medio de mí era débil. Era mi propia falta de fe la que me dejaba batallando para creer lo que Dios podía hacer mediante mis oraciones. Quería creer en Lucas 1:37, que afirma *que nada es imposible para Dios*. Continué mi viaje para fortalecer mi creencia con la lectura de la Palabra, rodeándome de oportunidades para la adoración y aprendiendo más sobre la oración de sanidad. Sin embargo, lo que más me ayudó fue recibir ministerio de sanidad interior por los problemas del pasado que crearon mi lucha original para creer. No entendía que las personas importantes en mi pasado no me dieron la atención, el amor y el afecto que yo necesitaba, lo cual contribuyó a mi lucha para tener confianza y creer en mí mismo. Cuando las heridas de mi pasado fueron reveladas y liberadas, tuve lugar en mi corazón para recibir realmente el amor del Padre. El amor de Dios era diferente a cualquier otra cosa que había sentido antes. Avancé hacia una relación más cercana con Jesús, lo cual aumentó mi sentimiento de confianza para creer que Dios podía sanar a otros por medio de mí.

Mi sanidad emocional reveló cuánto me amaba Dios, y cuánto significaba yo para Él, de maneras que nunca había experimentado. Esta experiencia reveló una verdad fundamental: yo tenía el *conocimiento* de que Dios me amaba, pero no sabía cómo se *sentía* el amor real. Entendí que no había sido capaz de sentir plenamente el amor de mi Padre celestial porque primero no había experimentado plenamente el amor de mi padre terrenal. Y aunque había oído mensajes sobre cómo ejercitar mi libertad para perseguir y recibir el amor de Dios, y era consciente de ello intelectualmente, siempre batallaba para experimentarlo realmente para mí mismo. Por eso la gente puede memorizar la Escritura, asistir a conferencias, y pasar tiempo con Dios en oración, pero aun así ser incapaz de "llegar ahí" plenamente o "sentir" su amorosa presencia. Quiero dejar claro que hacer estas actividades puede y debería acercarte más a Dios, pero puedes seguir batallando si tienes heridas o traumas emocionales no resueltos del pasado que actúan como barreras, evitando que experimentes el amor real de Dios. Por eso revelar, liberar y restaurar tu alma de heridas traumáticas es tan importante.

Cuando yo liberé mis heridas del alma, pude experimentar la presencia de Dios en mi corazón, lo cual me permitió experimentar una sensación de autoridad y poder que nunca había encontrado, y una mayor sensación de confianza para dar un paso de fe siempre que veía una oportunidad para que Dios sanara a alguien. Recomiendo encarecidamente a cualquiera que carezca de sentimientos de amor, dignidad y confianza recibir sanidad interior liberando los sentimientos y los traumas negativos y restaurando el amor que Dios quiere que tengas. Puedes usar los "Pasos para la Oración de Sanidad" para tu propia sanidad. Es el deseo de Dios que recibas sanidad y tengas una fe fuerte para orar por sanidad en otros. No necesitas esperar a tener un evento radical en tu vida para aumentar tu fe para creer que lo imposible es posible para Dios.

Sugerencias para quienes buscan más de Dios para recibir sanidad:

- Persigue tu sanidad, y nunca dejes de buscar oportunidades para la oración de sanidad.

- Tras recibir oración de sanidad, mantente firme en las promesas de que eres sanado por la sangre de Jesús, en lugar de confiar solamente en lo que ves o sientes. Si batallas para creer que puedes ser sanado, busca sanidad interior para esos sentimientos.

- Permanece en la creencia de que Dios es un Padre amoroso y misericordioso que quiere que seas sanado. Él no es como tu padre terrenal. Si no te sientes amado por Dios, busca sanidad interior para esos sentimientos.

- Edifica tu fe leyendo Escrituras sobre sanidad y las promesas de Dios para ti.
- Pasa tiempo en adoración, y ora con otros creyentes que se emocionen por ver los milagros de Jesús cada día.
- Recuerda que Dios no está enojado contigo y no usa la enfermedad como castigo, juicio o condenación contra ti.
- Lee otras historias de milagros para obtener entendimiento y aliento.
- No permitas que la falta de sanidad en tu pasado evite que creas por sanidad en el presente.
- Persigue la sanidad emocional mediante ministros de oración o profesionales cristianos. Examina tu relación con las figuras de autoridad, tu sistema de creencias, y tu relación con Dios mediante el proceso de revelar, liberar y restaurar tu espíritu, alma y cuerpo.

Sugerencias para quienes buscan más de Dios para orar por la sanidad de otros:

- Pasa tiempo con Dios pidiéndole que llene tu corazón con su amor, y que edifique tu entendimiento y confianza para usar su poder y autoridad.
- Pasa tiempo en adoración en conferencias y en viajes ministeriales de sanidad.
- Involúcrate en centros de oración, estudios bíblicos y en orar con otros creyentes que oran, piensan y creen en los milagros de Jesús.
- Edifica tu fe leyendo Escrituras sobre sanidad y las promesas de Dios para ti.
- Tras pedir a Dios oportunidades, comienza a estar atento a personas que necesiten oración de sanidad.
- Persigue la sanidad emocional mediante ministros de oración o profesionales cristianos. Examina tu relación con las figuras

de autoridad, tu sistema de creencias, y tu relación con Dios mediante el proceso de revelar, liberar y restaurar tu espíritu, alma y cuerpo.

Sugerencias cuando oras por otros:

- No te preocupes por si la persona afligida será sanada. ¡Solamente ora! Tu obligación es orar; la obligación de Dios es sanar.
- Cuando la persona afligida sea sanada, dale a Dios la gloria. Si no es sanada, dale a Dios la decepción. ¡Tú ganas en cualquiera de los casos!
- Después de orar, indica a la persona afligida que esté firme en la promesa de que Dios sigue estando en el proceso de sanidad, lo vea o lo sienta la persona o no.
- La oración de sanidad no se trata de religión; se trata de compartir el amor de Jesús mediante tu compasión.
- Cuando oras, no necesitas usar muchas Escrituras (aunque algunas son ciertamente útiles). Simplemente usa el nombre de Jesús cuando ordenes a la enfermedad que se vaya, y declara que llega la sanidad.
- No necesitas ser un experto en oración de sanidad para orar con alguien. ¡Solamente ora! No te preocupes, ¡la persona afligida no sabe lo que tú no sabes!

14

CÓMO MANTENER TU SANIDAD

Suele suceder a menudo que alguien pierde su sanidad porque no sabe cómo mantenerla. Cuando enseñes a la gente a mantener su sanidad, experimentarás un aumento en el índice de problemas que se mantienen sanados. Para mantener su sanidad, la persona tiene que cambiar su forma de actuar, pensar y hacer incluso las cosas más sencillas. Esto puede parecer básico, pero es un paso importante para vivir la sanidad. Por último, puedes dar las siguientes instrucciones generales sobre mantener la sanidad. (Si deseas una copia para dársela a otros, puedes ir a la página de *Info sobre la sanidad* en mi página web, *Insightsfromtheheart.com* y leer el artículo "How to Keep Your Healing" (Cómo mantener tu sanidad)).

La obligación de Dios es sanarte cuando pides sanidad. Tu obligación es mantener la fe, creer que recibiste tu sanidad en fe. Para mantener tu sanidad, aquí tienes algunos pasos muy importantes que puedes dar:

1. CREE EN TU SANIDAD EJERCITANDO TU FE.

Eso es lo que Jesús quería que supieras cuando dijo: *Por tanto, os digo que todo lo que pidiereis orando, creed que lo recibiréis, y os vendrá* (Marcos 11:24). Esto se hace pensando y actuando con base en la creencia de que has sido sanado mediante todo lo que haces. Las siguientes dos o tres semanas serán un periodo de ajuste. Tendrás que pensar y actuar como una persona sana y no como lo hacías antes cuando eras una persona enferma. Por ejemplo, si fuiste sanado de la espalda o de la pierna, cuando te pongas de pie o camines, enfócate en caminar como una persona sana. Anda con pasos normales y firmes, pensando y creyendo que estás sano, en lugar de como andabas cuando tenías el problema físico.

2. ENFÓCATE EN ESTAR SANO Y NO EN UN SENTIMIENTO QUE REGRESA.

Muchas personas pierden su sanidad porque, en cuanto sienten un dolor, su mente comienza a enfocarse en el dolor, lo cual hace aumentar la preocupación de que el problema ha regresado. En cuanto experimentan pequeños dolores, regresan antiguos hábitos de pensamiento del problema anterior. Mantente en tu sanidad reprendiendo tu dolor o tus pensamientos, y reclama tu creencia de que has sido sanado. Por ejemplo, si experimentas un pequeño dolor, puedes decir: "En el nombre de Jesús, envío este dolor lejos de mí. He sido sanado, y no quiero saber nada de este dolor. Gracias, Jesús, por mi sanidad". Después vuelve a pensar en cómo Dios te sanó, incluso aunque sientas aún el dolor.

3. TODO LO BUENO Y NUEVO QUE RECIBAS DE DIOS SERÁ CONTESTADO POR TUS ANTIGUOS PATRONES NEGATIVOS DE PENSAMIENTO Y POR EL DIABLO MISMO.

¡El diablo no quiere que tengas lo que es bueno! La sanidad o un milagro, no es algo distinto. *Resistid al diablo, y huirá de vosotros* (Santiago 4:7), y resiste a tus antiguas formas de pensar. ¿Cómo las resistes? Con tu fe en la Palabra de Dios, que te recuerda que convivas con personas que piensen igual, que crean en los milagros (ver Romanos 1:12), y te promete que todo lo que recibas de Dios es tuyo para que lo retengas (ver Marcos 11:24; Lucas 6:38; Santiago 1:5; 1 Juan 2:27). Recuerda: no solo estás luchando contra tu enfermedad; también estás luchando contra una fuerza que no quiere que seas sanado. Cuando ores para echar fuera el dolor, recuerda que ya has recibido el regalo de la sanidad de Dios, así que puedes decirle al enemigo que se vaya y que se lleve el dolor con él. Pídeles a tus amigos cristianos que oren contigo y te ayuden a mantener tus pensamientos y conductas saludables, animándote cuando tengas pensamientos negativos.

4. DALE GRACIAS REGULARMENTE A DIOS POR TU SANIDAD Y PASA TIEMPO MEDITANDO EN LA PALABRA DE DIOS.

El reconocido sanador, Smith Wigglesworth, dijo una vez: "Si esperas al momento en que necesites usar tu fe para fortalecerla, ya es demasiado tarde". Esta es una razón por la que David pudo derrotar a Goliat, porque había edificado su fe antes cuando tuvo que pelear con un león y un oso. Por eso tienes que darle regularmente gracias a Dios por tu sanidad y fortaleza. Pasa tiempo de calidad en la Biblia cada día, meditando en la Palabra de Dios. Cuando pienses como Dios piensa, verás las cosas de otra forma y eso fortalecerá tu fe. Hay muchos versículos para fortalecer la fe en cuanto al asunto de la sanidad. Cuanto más conozcas lo que dice la Palabra de Dios sobre la sanidad, más fácil será para ti caminar en tu sanidad. Te sugiero que comiences leyendo algunos como: Mateo 21:22; Marcos 16:15-18; Juan 14:12-14; Lucas 1:37; 4:18; 1 Pedro 2:24 y Santiago 5:14-15.

15

CONEXIÓN EMOCIONAL SUGERIDA PARA LOS PROBLEMAS DE LA MENTE Y EL CUERPO

La emoción reprimida resultante de cada trauma físico o emocional se almacena por todo el cuerpo, creando un estado debilitado de funcionalidad. A su vez, el cuerpo se vuelve más susceptible a la enfermedad, y la emoción almacenada puede interferir en la liberación del problema y bloquear la sanidad. Una de las mejores formas de abrir un camino para que se produzca la sanidad es revelar y liberar las siguientes barreras emocionales para los problemas mente/cuerpo.

Cómo usar esta información para la sanidad:

1. Localiza tu problema emocional o físico en este capítulo, y después identifica cada una de las emociones que hayas experimentado que están enumeradas con ese problema. (Si algún problema no está enunciado, busca la parte/lugar del cuerpo afectada. Los asuntos emocionales serán los mismos. Por ejemplo, si no encuentras "cáncer de páncreas", busca en su lugar "páncreas").

2. Pídele a Dios que te lleve a un momento temprano en tu vida en el que tuviste por primera vez esos sentimientos. Esto te será de ayuda cuando comiences a usar el Paso II de los "Pasos para la Oración de Sanidad".

3. Como quizá es difícil identificar tus propias emociones contribuyentes, pide a familiares o amigos que te ayuden a identificar emociones que pudieran aplicarse a tu estado.

CONEXIONES EMOCIONALES PARA LOS PROBLEMAS DE LA MENTE Y EL CUERPO

Abasia (incapacidad en las piernas): Dificultad para pensar correctamente; te distraes con facilidad; miedo a que las cosas no saldrán bien.

Abdomen: Mal juicio (falta de sabiduría); identificación con las posesiones; poco sentido del yo; desconfiado; posesivo de otros; preocupado por otros; tensión; miedo y ansiedad; falta de armonía; relaciones atrapadas/controladoras.

Abscesos: Furioso; herida sin resolver; deseo de venganza.

Aborto espontáneo: Miedo a que sea un mal momento; miedo a lo que traerá el futuro; miedo a la responsabilidad por un niño; falta de paz consigo mismo o con su pareja.

Acné: Culpa, autorechazo/no gustarse a sí mismo; negar realidades desagradables; no estar dispuesto a enfrentar problemas.

Adenoides: Falta de armonía en el hogar; restricciones; criado sin aceptación o con hostilidad; no ser bienvenido; estar en medio.

Adicciones: Autodesaprobación; autorechazo; desesperación; incapaz de pensar/percibir de forma clara o correcta; huir de sí mismo; vacío en el alma; evita sentimientos; no amado; insatisfecho, impulsivo.

Afasia: Dificultad para formar las palabras; opiniones no valoradas; visto, pero no oído; miedo a decir lo incorrecto.

Alcoholismo: Incapacidad para salir adelante; futilidad; ambivalente; inutilidad; autorechazo; vivir una mentira; culpa, deficiencia; emociones negativas no resueltas; creer las palabras negativas de otros; estar a la defensiva en cuanto a las emociones.

Alergias: Emociones reprimidas, especialmente las lágrimas; resistente al cambio; miedo a expresar las emociones; rígido; niega el poder propio.

Alergias (medioambientales): Obsesionado con hacerse cargo; irritación; ansiedad; emociones reprimidas; reaccionar en exceso con la gente; rechazo; indigno de amor; ninguna expectativa del amor; tristeza y desesperación sin expresar.

Amígdalas: Miedo; enojo; irritación; no conseguir las cosas a su manera; miedo a la autoexpresión.

Amigdalitis: Juzgado/criticado injustamente; dificultad para expresarse; resentido; reprime la expresión de las necesidades; privado de las necesidades; no apoyado.

Amnesia: Incapaz de ser asertivo o defenderse por sí mismo; deseo de escapar de los problemas o huir; miedo al futuro.

Ampollas: Emocionalmente desprotegido; resistente al fluir de la vida; inseguro.

Anemia: Enojo con uno mismo por ser incapaz de controlar las cosas; insatisfecho con la dirección de la vida; no lo suficientemente bueno; manipulador, pero resentido de ser manipulado; falta de gozo; vida desordenada.

Anemia falciforme: Inferioridad; no amado; heridas del pasado; autorechazo; indignidad.

Anemia (perniciosa): Impotencia; querer abandonar; tristeza no resuelta.

Aneurisma: Narcisista; rescatador; necesidades no suplidas; reprimido; resentido; criado en una familia disfuncional/que culpabilizaba.

Ano: La supervivencia se ve amenazada por las condiciones externas; impotente en algún área de la vida.

Anorexia: Incapaz de agradar a uno de los padres (por lo general a la madre), incapaz de estar a la altura de las expectativas, autorechazo, autodesprecio.

Ansiedad (ver también ataques de pánico y ansiedad por la separación): Incapaz de "tener la sartén por el mango" en la vida; indefenso para producir un cambio; falta de control; trauma no resuelto del pasado.

Ansiedad por la separación: Abandono; miedo a estar solo; abandonado; trauma del pasado; emociones del pasado sin resolver, especialmente temores.

Apatía: Se ha ido la "chispa de la vida"; entumecido; resistente a las emociones; no puede sentir.

Apendicitis: Temeroso de la vida; incapaz de lidiar con el temor; poca energía.

Apetito (pérdida de): Percepciones incorrectas de otros; desconfiado; depresión; muy poco amado, no aceptado o no protegido.

Apnea del sueño: Decepción; falta de perdón; amargura; hipersensibilidad; miedo al rechazo; no amado; culpa; vergüenza; se resiste al gozo; emociones reprimidas.

Apoplejía: Rechazar; excesivamente resistente; no amado; abandonado; sobrecargado de presiones; deseo de abandonar; autocrítico.

Arterias (endurecimiento): Miedo a la decepción; corazón endurecido; dictatorial; deseos obstruidos o demorados en la vida; sentimientos no resueltos; productividad anónima.

Arteriosclerosis: Incapacidad para expresar sentimientos/emociones; incapaz de ver lo positivo; emociones negativas no resueltas; no querer ser abierto de mente.

Articulaciones: Resentimiento; herida reprimida; se resiste al cambio; desconfianza; inflexible; miedo al futuro.

Artritis: Crítico consigo mismo o con otros; se aferra a la hostilidad; se aferra a las creencias negativas; resentimiento duradero;

enojo; amargura; ansiedad y/o o depresión duradera; enojo reprimido; necesidad de tener la razón; pensamiento/sentimiento rígido; intransigente; inflexibilidad; incapacidad para expresar enojo.

Artritis (trastorno degenerativo de las articulaciones o TDA): Autocrítica; indignidad; miedo; enojo; restringido y confinado; decepción debido a la duda de uno mismo y el temor; no sentirse amado; resentimiento; amargura; crítico; culpar y criticar, falta de amor y rechazo en la infancia y más adelante; sentimientos reprimidos.

Artritis (reumatoide): El cuerpo recibe mensajes opuestos; inutilidad; reírse por fuera/llorar por dentro; impotencia; abrumado.

Asma: Revive los miedos de la infancia; necesidad de dependencia; ansiedad y temor crónicos; deseos de dependencia inconscientes; dominado por uno de los padres; incapaz de protestar ante el trato injusto; extremadamente sensible; pena/llanto reprimido; rígido.

Ataques de pánico: Temor abrumador; descuidado; abandono; temor; falta de control; deseo de hacer bien las cosas; miedo a que ocurran cosas malas; miedo a la muerte; desconfiado; trauma del pasado sin resolver.

Bazo: Falta de amor propio; no amado; rechazado; conflictos emocionales; enojo/antagonismo intenso; preocupación; baja autoestima; falta de control; excesivamente empático; incertidumbre; privado de cosas buenas; melancólico.

Bipolar: Inquieto; desorganizado; desarraigado; descontrolado; necesidad de controlar; estresado; fácilmente abrumado; inquieto desde el vientre.

Bocio: Insatisfecho; se siente usado; propósito de la vida torcido; impotencia; mala autoestima; rabia; resentimiento; infancia opresiva.

Bronquitis: Falta de armonía en el hogar; enojo; ansiedad; retiene las emociones; temeroso de autoexpresarse; miedo; tensión; indefenso.

Bulimia: Autoimagen errónea; autorechazo; falta de autocontrol; insatisfecho; necesidades no suplidas; desprecio por uno mismo; incapaz de estar a la altura de otros; criado en un hogar controlador y restrictivo.

Bursitis: Ansiedad; enojo reprimido; no estar en control; incapaz de cambiar una situación; tenso; deseos violentos; frustrado.

Cadera (articulación): Reticente a aceptar las circunstancias actuales; niega las experiencias físicas.

Caderas: Miedo a tomar decisiones; pesimista; miedo al futuro; desequilibrio de poder en el hogar; falta de apoyo; nada hacia lo cual mirar.

Calambres: Miedo al dolor; rehusar avanzar; se aferra tercamente a percepciones incorrectas de la feminidad, tensión acumulada; experiencias negativas en la niñez.

Calambres abdominales: Desconfiado; atascado; tensión; temor al futuro; extremadamente responsable; criado en una familia disfuncional; no puede avanzar.

Calambres musculares: Terquedad; inseguro; se resiste a avanzar; emociones reprimidas; "se aferra" a emociones, situaciones e ideas.

Callos: Incapacidad para fluir con la vida; antisocial; se resiste a aprender cosas nuevas.

Callos: Aferrarse a heridas del pasado; sentimientos duros; demasiado enfocado en el pasado.

(Para un cáncer específico que no se encuentre a continuación, busca la parte del cuerpo en este capítulo).

Cáncer (sangre/leucemia): Depresión, enojo o mala voluntad.

Cáncer (cérvix): Enojo reprimido.

Cáncer (órganos femeninos): Enojo reprimido (por lo general, con la autoridad masculina); vacío; resentimiento no resuelto, hostilidad reprimida; autorechazo; desesperación; soledad reprimida; mala relación con los padres; incapacidad para lidiar con la pérdida; desesperanza/impotencia; represión; depresión; odio, venganza o celos; resiste la ayuda divina/espiritual; falta del deseo de vivir.

Cáncer (melanoma): Frustrado; irritado por otros; dolido y resentido; tristeza profunda; pensamientos de odio; falta de perdón; contiene las emociones; profunda decepción; incapaz de sentirse amado; enojo.

Cáncer (mieloma múltiple): Atormentado por secretos o la pena; albergar dolor, amargura o resentimiento; cargado; sufrir en silencio; sentimientos reprimidos.

Cáncer (parte baja de la espalda): Lucha interior con máscara de felicidad; cargas pesadas; emociones no resueltas.

Cáncer (estómago): Condenación; pensamientos de odio; sentimientos vengativos de malicia; deseo de venganza; falta de perdón.

Cáncer de próstata: Enojo reprimido al ser restringido.

Cáncer (útero): Otros le irritan fácilmente; enojo; sentirse un mártir.

Cándida: Agitar resentimientos internos; culpa a otros; impotencia; sentimientos negativos no resueltos.

Candidiasis: Heridas sin resolver; resentido; falta de confianza; incapaz de amarse, apoyarse o aceptarse; negación de sus propias necesidades.

Candidiasis vaginal: Enojo por malas decisiones; desconfiado; disgustado; pensamiento negativo.

Canillas: Inseguridad/inseguro; abandonado; abandonado de niño; indeciso; resistente al cambio; falsas creencias y valores.

Cara *(trata con la identidad)*

Cara (frente): Reacción a pensamientos conscientes recientes.

Cara (parálisis): Dura autocrítica; rechazo; miedo; ansiedad; dudas sobre la competencia; incapacidad para enfrentar a alguien o algo; miedo a "quedar mal"; problemas de relación.

Cara (tics): Ira/rabia contenida; miedo; ansiedad; miedo a que te vean como eres.

Cataratas: Triste/temeroso del futuro; impotencia; falta de control sobre los eventos; evita mirar al futuro.

Ceguera: Abrumado; difícil lidiar con la vida; temor no resuelto; deseo de huir.

Ciática: Ansiedad con respecto a las habilidades creativas; indeciso; frustración sexual; preocupación por el dinero; ignorado; derrotado.

Cinetosis: Miedo a no estar en control; deseo de hacerse cargo.

Cistitis: Irritabilidad sin resolver; patrones de pensamiento infelices.

Coágulos sanguíneos: Intensamente conservador; restrictivo; resistente al cambio; dificultad para experimentar gozo; lidió con cambios difíciles en la infancia.

Codependencia: Temor a estar solo; miedo al fracaso; no sentirse amado; problemas de abandono; dependiente de otros como fuente de felicidad.

Codo: Incapacidad para aceptar nuevas experiencias o cambiar el enfoque; resiste el logro o la confianza; miedo a las demandas de otros; que se aprovechen de uno.

Colapso nervioso: Emociones reprimidas; miedo al futuro; impotencia; incómodo con los sentimientos; centrado en sí mismo; ansioso; decepcionado; se retira; tenso; incapaz de salir adelante.

Colesterol: Indigno de felicidad; se niega a sí mismo el gozo.

Cólico: Infeliz con el entorno; irritación e impaciencia; molestia/tensión emocional de padres y/o o con el entorno.

Colitis (ver también problemas de colon): Excesivamente preocupado con el orden; temor a perder la libertad; preocupación excesiva; opresión y derrota; deseo de más afecto.

Colitis (ulcerosa): Conducta obsesivo-compulsiva; indeciso; ansiedad; hostilidad o enojo reprimido; necesidad de amoldarse; sentirse un mártir.

Comer en exceso (compulsivo): Tensión; carencia material/emocional; anhela cercanía; se pone una "armadura emocional", un símbolo de poder; deseo de "mandonear"; energía emocional basada en la ira y el resentimiento.

Concentración de espermatozoides (baja): Creencia inconsciente de no estar preparado para ser padre; falta de deseo de tener hijos; inepto como padre; no lo suficientemente bueno como varón, temeroso.

Conducta/pensamiento desafiante: No amado; abandonado; traicionado; rechazo; no querido; no especial; no apoyado; no apreciado; señalado para ser criticado; la conducta desafiante se convierte en una manera de llamar la atención.

Conjuntivitis: Se frustra fácilmente; enojo; excesivamente crítico; querer oscurecer realidades desagradables.

Convulsiones: Presionado; abrumado; temeroso; desesperación; enojo; deseo de huir; expectativas irracionales de niño.

Coxis: Excesivamente preocupado por las necesidades materiales/necesidades básicas.

Dedo: Dificultad para lidiar con los detalles de la vida; imaginación limitada; inspiración y creatividad limitadas; miedo a la pérdida; lo intenta demasiado; mala dirección; preocupado por el estatus social.

Dedo (índice): Le afecta el temor y el resentimiento.

Dedo (meñique): Le afecta la pretensión, el engaño y la falta de perdón.

Dedo (medio): Le afecta el enojo, la amargura y la sexualidad.

Dedo (anular): Le afecta la pena, incapaz de lidiar con los detalles de la vida.

Dedo (pulgar): Preocupación; depresión; pensamientos llenos de odio; ansiedad; culpa; autoprotección.

Dedos de los pies: Preocupación por los detalles; falta de confianza; ineficacia; desconfiado.

Delirio: Deseos o miedos reprimidos o contenidos; recuerdos reprimidos que salen a la superficie; criado en un hogar opresivo o dominado por el rechazo.

Demencia: Incompetente y desamparado; cansado de esforzarse constantemente; enojo sin resolver; amargura y repulsión; enojo y resentimiento; criado en un hogar insensible, demandante y/o o con falta de amor.

Depresión: Apático en la vida; desánimo; desesperación; pesimismo; culpa; inutilidad; impotencia; enojo contenido; no ser lo suficientemente bueno; no tener apoyo; vacío de corazón; dolido frecuentemente; heridas y decepciones sin resolver.

Dermatitis (ver Piel)

Desmayo: Temor al presente; incapaz de seguir adelante; "borrar" la vida; impotencia.

Diabetes: Demasiado crítico consigo mismo y con otros; decepción; tristeza crónica; *shock* emocional; falta de gozo; "la vida debería haber sido distinta"; obsesionado con el control.

Diarrea: Rechazas lo que no puedes aceptar; querer terminar con alguien o algo; huir de una situación; obsesionado con el orden; miedo a algo del presente.

Dientes: Indeciso; falta de confianza y asertividad; responsabilidades abrumadoras; rescatador; resiste la intimidad.

Dientes (dolor de muelas): No merecedor; sobrecarga de responsabilidad; falta de confianza; vergüenza.

Discinesia tardía: Fracaso; no puede avanzar; falta de confianza.

Disentería: Miedos; trato injusto; oprimido; en peligro; impotencia; falta general de autoridad o control; criado en un hogar indiferente u hostil.

Dislexia: No planificado o no querido en el útero; abandonado o desatendido de bebé o niño; falta de estimulación y desarrollo para conectar con el mundo.

Dismenorrea: Enojo contra sí mismo; incapacidad de perdonarse a sí mismo.

Distonía: Miedo a las consecuencias; miedo a tener éxito como niño; miedo a que sucedan cosas malas; miedo a herir a otros.

Distrofia muscular (trastornos musculoesqueléticos): Deterioro de la fortaleza emocional, que causa falta de discernimiento; duda de uno mismo; ansiedad; abrumado; le cuesta avanzar; enojo; evita el estrés; criado en un hogar pasivo-agresivo.

Diverticulitis: Autocastigo; autoprivación; rechazo; culpa del pasado; expectativas irreales; autorecriminación.

Dolor: Cree que Dios está intentando captar su atención; enojo reprimido; relaciones dañinas; culpa; desequilibrio; frustración.

Dolor de garganta: Necesidades emocionales reprimidas; enojo por la pérdida; aislado de otros.

Dolor de oído: Enojo por lo que oyes; no quieres oír lo que está sucediendo.

Dolor de oído (niños): No puede soportar la agitación en el hogar.

Dolores: Soledad; falta de amor; dolor a ser abrazado y querido; reprendido y retorcido; tristeza.

Dolores de cabeza: Tensión; estrés; emociones sin resolver; heridas no expresadas; presión interna; falta de control; miedo abrumador y ansiedad; relaciones dañinas; reticencia a enfrentar las realidades; incapacidad para reír, cantar, alabar o expresar gratitud.

Dolores de cabeza (cúmulo): Culpa; miedo; fracaso; incapaz de relajarse o confiar; se resiste a avanzar; reloj interno desacompasado; resentimiento y enojo; extremadamente responsable desde la infancia.

Eczema: Demasiado sensible; sentimientos de dolor no resueltos; se le impidió hacer algo; se le interrumpió cuando hacía algo; frustración; irritación no resuelta.

Edema: Compasión hacia sí mismo, no quiere avanzar demasiado rápido; la forma del cuerpo de inmovilizarse; aferrarse innecesariamente a algo.

Encías sangrantes: Incapacidad para sentir gozo con las decisiones.

Endometriosis: Tristeza sin resolver profundamente asentada; frustración; inseguridad; falta de amor propio; culpar de los problemas a otros.

Enfermedad de Addison: Falta de autocomprensión; ira hacia uno mismo; incapaz de entender las emociones; implacable consigo mismo.

Enfermedad de Alzheimer: Cansado de salir adelante; no poder seguir enfrentando la vida; descontrolado; inferioridad; inseguro; enojo reprimido; vive en su propio mundo pequeño; desesperanza e indefensión.

Enfermedad de Crohn: Falta de buen discernimiento; inseguro; no lo suficientemente bueno; falta de confianza; no merecedor; desfavorecido en la vida; no valorado por otros; desaprobación de sí mismo.

Enfermedad de Graves: Movido a sobresalir; perfeccionismo; no merecedor del amor; enojo por el rechazo; no amado de niño.

Enfermedad de Hodgkin: Deseo de aceptación; no ser lo suficientemente bueno; autorechazo; necesidad de demostrar quién es; falta de gozo.

Enfermedad de Huntington: Resentimiento; necesidad de cambiar a otros; desesperanza; desamparo; pena; miedo al fracaso.

Enfermedad de Lou Gehrig (ELA): Negación de autoestima; negación y/o no aceptar el éxito; desconfianza de sus propias habilidades.

Enfermedad de Lyme: Extremadamente responsable; miedo al abandono; sobrecargado; autocondenación; deprimido; atrapado; no lo suficientemente bueno; criado con amor condicional.

Enfermedad de Meniere: Desorientado; fuera de base; demasiadas responsabilidades; poco sentido de la dirección; miedo al riesgo.

Enfermedad de Paget: Abandonado; no apoyado; privado de afecto y emoción cuando era niño.

Enfermedad de Parkinson: Desea el control pleno, miedo a no tener el control; vulnerable; inseguro y abandonado; soledad; falta de fe en la vida.

Enfermedad incurable: Condenación duradera del yo y de otros; asuntos sin resolver y rencoroso con las personas y situaciones del pasado.

Enfermedad venérea: Necesidad de ser castigado; culpa por la historia sexual.

Enfermedades crónicas: Falta de confianza; inseguro; evita el riesgo; reacio a cambiar para mejor.

Enfermedades intestinales: Incapaz de asimilar; vive en el pasado; desea permanecer en una zona de comodidad; estreñimiento.

Enfermedades intestinales (calambres intestinales): Dificultad para avanzar en la vida; desconfiado.

Enfisema: No merece vivir; miedo a vivir la vida al máximo.

Entumecimiento: No aceptado; emociones reprimidas; rechazo; desconfiado de la intimidad; retiene y desconfía del amor; se retira.

Epilepsia: Abrumado; persecución de uno mismo; deseo de rechazar la vida presente; autolesión; demasiado cargado; resentido; no puede cumplir las expectativas.

Esclerosis: Enojo/rabia reprimida; autodesaprobación; culpa; vergüenza; desconfiado; en riesgo; cargado; impotencia/desesperanza; sobrecargado con la responsabilidad; soledad; sin apoyo.

Esclerosis múltiple: Inflexible; no receptivo a ideas nuevas; autoculpabilidad; falta de perdón; rígido; resentido por la irresponsabilidad o falta de apoyo de otros; emociones reprimidas; miedo a las emociones; autoinmovilización que crea atrofia muscular.

Esguinces: Resiste y es incapaz de cambiar de dirección; le cuesta avanzar.

Espasmos: Temeroso con respecto a la vida; emociones reprimidas.

Espinillas: Frustración sin resolver; enojo del pasado que resurge; autodesaprobación.

Esterilidad: Tensión; frialdad; distante; conflicto emocional; temeroso; desconfiado.

Estómago: Inseguro; temeroso de nuevas ideas; falta de afecto; infelicidad; condena el éxito de otros; nerviosismo; disgustado; impaciente; obsesionado con cosas materiales.

Estreñimiento: Preocupado; ansioso; indeciso sobre avanzar en la vida; reticente a soltar sentimientos y creencias dañinas; problemas no resueltos.

Falta de energía: Tristeza sin resolver; cansado de la lucha diaria; deseos de abandonar, depresión, desesperación, desmoralización.

Fallo cardiaco congestivo: Rechazo; abandono; no sentirse amado; aislamiento; desesperanza; corazón roto por problemas del pasado.

Fatiga: Resistir la vida; aburrido; insatisfecho con el lugar en la vida; "agotamiento" laboral o de relación.

Fibromialgia: Agotamiento; debe desempeñar para ser suficientemente bueno; necesita ser perfecto; miedo a lo que piensen otros; desconfianza; culpa; autonegación; atascado; trauma pasado; retiene pensamientos y sentimientos; mentalidad de víctima.

Fibrosis quística: Cree que "la vida le va bien a los demás, pero no a mí"; tristeza crónica; depresión; evita el gozo; indigno de vivir una vida plena.

Fiebre: Incapaz de expresar enojo; reticente; ira "ardiendo" por dentro; irritado por la falta de orden; se aferra al pasado.

Fiebre del heno: Enojo o miedo sin resolver; pena; tristeza; lágrimas contenidas; agresión reprimida; deseo de venganza; culpa.

Flebitis: Atrapado; sin salida; los problemas de la vida parecen no tener solución.

Fobias: Miedo a que suceda algo malo; inseguro; desconfiado; desprotegido; no amado; sin apoyo de personas importantes de tu vida; miedo a perder el control; trauma del pasado sin resolver.

Forúnculos: Hervir de enojo por dentro; privado; resentido; traicionado; saboteado en la vida; se le negó el amor y el gozo cuando era niño.

Frigidez: Temor sin resolver; resentimiento; fijación; culpa con respecto al sexo y las relaciones sexuales; problemas de personalidad que afectan la expresión emocional.

Gangrena: Morbilidad extrema; emociones "venenosas"; falta de amor hacia sí mismo; inseguridad.

Garganta: Emociones reprimidas; criticado a menudo; heridas emocionales reprimidas; no consigue hacer las cosas a su manera; falta de discernimiento; falta de sabiduría.

Garganta (bulto en la garganta): Tristeza; inseguro; dificultad para expresarse.

Gastritis: Incertidumbre; ansiedad; pensamientos catastróficos; pavor.

Glándula pineal: Se corresponde con ver y escuchar internamente; reticente a recibir nuevo entendimiento; mal uso de la fe; desanimado; falta de dirección; falta de intuición, motivación, imaginación, ideas y energía; desequilibrado.

Glándula pituitaria: Infeliz y decepcionado en la vida; descontrolado; le persiguen la mala suerte/fortuna; pensamiento negativo; desconfiado; indigno.

Glaucoma: Hostilidad; falta de perdón; amargura; heridas sin resolver; decepción; rehúsa mirar al futuro; incapaz de amar.

Granulocitopenia: Inútil; no ser suficientemente bueno.

Gripe: Miedo; extremadamente negativo; débil y desamparado; pesimismo (creer que sucederá lo peor); conflicto interno; susceptibilidad a la sugestión.

Gordura (sobrepeso/obesidad): Necesidad de protección; se resiste a perdonar; enojo contenido.

Gota: Juzga a otros con dureza; impaciente; desea dominar; ira contenida; rechaza a otros y al mundo.

Goteo posnasal: Llorar por dentro; pena reprimida; mentalidad de víctima.

Halitosis: Cosas sin terminar; soluciones insatisfechas en la vida; criado en una familia disfuncional o no disponible.

Hemofilia: Le cuesta poner límites o decir "no"; necesidades no suplidas.

Hemorragia nasal: Ignorado; impotencia; sentimientos de no sentirse importante.

Hemorroides: Percepción de largo plazo de estar cargado; presionado; ansioso; miedo o tensión; incapacidad para soltar.

Hepatitis: Resistente al cambio; resentido; enojo; miedo; duda de uno mismo; muy demandante; infancia controladora; incapaz.

Hernia: Enojo; cargado; autocastigo; emocionalmente no disponible; herida sin resolver de relaciones pasadas.

Hernia de disco: Indecisión; falta de apoyo.

Hernia de hiato: Crítico; resentido; cargado; descontento con las circunstancias actuales.

Herpes: Culpa; vergüenza; ansiedad; enojo; autorechazo.

Herpes (simplex): Falta de apoyo; amargura; resentido; solitario; culpa sexual; miedo a hablar.

Herpes labial (llagas): Enojo reprimido; presionado o cargado por la responsabilidad; incapaz de lidiar con la presión; resentido con las cargas.

Herpes zóster: Teme que las cosas no salgan bien; demasiado sensible; tensión; hostilidad hacia uno mismo.

Hidropesía (fluido en el abdomen): No soltar; resistir el cambio; obsesionado con el pasado; miedo a que sucedan cosas malas; evita el cambio; lleva cargas; temeroso de pedir ayuda; temeroso de alienarse y perder el apoyo; temeroso de perder el amor.

Hígado: Enojo sin resolver; irracional; frustración; falta de perdón; resentimiento y mezquindad; crítico; pensamientos críticos; falta de perdonarse a sí mismo y a otros; consumido por las ideas de injusticia y venganza; autocondenación; posesivo; lamenta el pasado; tristeza.

Hiperactividad: Necesitado; falta de paz; necesidades no cumplidas; agitación; presión para desempeñarse; incapacidad de cumplir con las expectativas.

Hiperglucemia: Rescatador; no tiene tiempo para sí mismo; altas expectativas.

Hipertensión: (ver tensión arterial)

Hipertiroidismo: Excesivamente responsable; miedo a no ser amado; no merecedor; dejado atrás; rechazo; criado en una familia con rechazo.

Hiperventilación: Desconfianza en el fluir de la vida; miedo a las incertidumbres de la vida.

Hipoglucemia: Extremadamente cargado, sin gozo.

Hipotálamo: Rabia; inseguridad; desagrado; tristeza; ansiedad.

Hipotiroidismo: Abandonar; desesperanza; derrotado; pesimismo; reprimido por otros.

Hombros: Cargado; estresado por la responsabilidad; dificultad para poner límites; emociones reprimidas; deseos incumplidos; dificultad para expresar emociones; problemas con la intimidad; soledad.

Hombros (encorvados e inclinados): La vida es una lucha.

Hombros (redondeados): Desesperanza; impotencia.

Hongos: Incapaz de soltar el pasado; autoderrota; gobernado por el pasado; inseguro; necesidad de validación constante.

Huesos (rotos): Sentimientos de separación/desconexión; la vida parece obstinada o fija.

Ictericia: No amado; decepcionado; desanimado; disgustado; resentido; falta de reconocimiento y apoyo.

Ileitis: No ser lo suficientemente bueno; autodesaprobación; inseguridad; miedo al futuro; incapaz de mejorar las circunstancias, especialmente en la infancia.

Impétigo: Señalado y culpabilizado; desesperanza/atrapado en las situaciones; movido a agradar a otros; altas expectativas; enojo.

Impotencia: Ideas en conflicto sobre el sexo, miedo, resentimiento; temores hacia la madre; obsesiones psíquicas o frustración sexual; culpa que tiene que ver con el sexo y las relaciones sexuales.

Incapacidad para absorber los nutrientes: Autorechazo; desconfianza; pesimismo; anticipa la decepción.

Incontinencia: Necesidad de controlar las emociones; emociones abrumadoras.

Indigestión: Todos están en contra tuya; falta de armonía; debe luchar por todo; inseguro; inepto; resentido; ansiedad; miedo a perder el trabajo y la seguridad; se siente perseguido.

Infección: Hostilidad/enojo; suspicaz; molesto; resentido; conflicto interior.

Infecciones urinarias: Culpa a otros; se irrita fácilmente; falta de confianza; no puede soltar; desesperanza; problemas de abandono/vulnerabilidad; no amado.

Infecciones virales: Amargura; incapacidad para reconocer cosas buenas de la vida; múltiples traumas; demasiadas responsabilidades; resentido; miedo a estar enfermo.

Infertilidad: Miedo; tensión/conflicto/trauma; desconfianza de uno mismo; ansiedad; desapego; dureza; agitación interna por ser padre/madre; circunstancias actuales no apropiadas para un niño; problemas personales/maritales.

Inflamación: Rabia; ansiedad; irritado/enojado por otros; disgusto; autodestructivo y desaprobador; criado en un hogar inestable; Emociones negativas reprimidas; atrapado en el pasado; temeroso del futuro.

Influenza: Creer que sucederá lo peor; pesimismo.

Insensible: Miedo a expresar las emociones; no entender; no permitir que la mente hable; sentimientos de no ser suficientemente bueno; traumas del pasado no resueltos.

Insomnio: Tensión; culpa; miedo a soltar; ansiedad; miedo de situaciones amenazantes; incapacidad para confiar o amarse a sí mismo o a los demás.

Intestino delgado: Perdido; vulnerable; abandonado; mente ausente; inseguro; desconfiado; dubitativo; mala autoimagen; no apreciado; se agobia fácilmente.

Intestinos: Temor a desagradar a otros; controlar; temeroso de no tener suficiente; temeroso de falta de control; ser posesivo; temeroso de usar viejas ideas que ya no son útiles.

Joroba de Dowager: Enojo sin resolver; resentimiento acumulado; toma innecesariamente cargas de otros.

Juanetes: Temor constante.

Lengua: No veraz; sin gozo; excesivamente responsable; no escuchado; culpado; le han dicho cosas malas.

Lesión cerebral traumática (LCT): Excesivamente emocional; trauma de recuerdo físico y celular.

Lesiones: Culpa; merece ser castigado; enojo consigo mismo; merece sufrir.

Locura: Incapaz de soltar el pasado; deseo de escapar; introvertido; incapaz de salir adelante; deseo de huir de la familia.

Lupus: Pena; abandonar; autorechazo; resentido; reírse por fuera/ llorar por dentro; no ser suficientemente bueno.

Malaria: Se siente inseguro; desconfiado; solitario; desconectado.

Mandíbula encajada: Rabia; deseo de controlar; emociones reprimidas.

Mareo: Sobrecargado, no puede salir adelante; no acepta la realidad; enojo sin resolver; resentimiento acumulado; toma innecesariamente cargas de otros.

Mareos por movimiento: Miedo al mundo; atrapado en esclavitud; rabia inconsciente.

Mastoiditis: No desea oír lo que se dice; temores que afectan el entendimiento; se siente excluido.

Meningitis: No aceptado; autorechazo; enojo; culpabilizado por otros.

Meningitis espinal: Rabia sin resolver; enojo reprimido.

Menopausia: Miedo a envejecer; no deseada; rechazada; inútil; no amada; no lo suficientemente buena; falta de propósito.

Mente: Analiza en exceso; miedo a lo desconocido.

Mente acelerada (pensamiento rápido; ver también TDA): Vida descontrolada; estúpido; menos que; incapacidad para encajar; autopercepción negativa; no se le permitió pensar por sí mismo; debe demostrar quién es; no lo suficientemente bueno.

Miastenia gravis: Reír por fuera/llorar por dentro; incapacidad de cambiar las condiciones; pena profundamente sembrada; quiere abandonar; temor al cambio.

Migrañas: Incapaz de avanzar en la vida; abrumado; deseo de avanzar a su propio paso; no le gusta que le empujen; enojo; incapacidad para manejar la presión o el estrés; deseo de control; emociones reprimidas.

Miopía: Temor de la infancia; ve las situaciones de otra forma.

Mononucleosis: No amado o indigno; dificultad para poner límites; enojo por no ser apreciado lo suficiente; cansado de la presión y las demandas; emociones reprimidas; incapaz de expresarse.

Mojar la cama: Miedo; rechazo; indignidad; enojo; falta de control sobre una situación; ansiedad; desconfianza de sí mismo y de otros.

Moratones: Necesidad de autocastigo; autorechazo; mentalidad de víctima; en riesgo en el mundo; criado en un entorno de acusación.

Morderse las uñas: Deseos no cumplidos; malicioso con los padres; frustración.

Muslos: No puede avanzar; temeroso del futuro; ineptitud; no amado.

Narcolepsia: Desear ser alguien que no es; no puede salir adelante; cansado de la responsabilidad.

Nariz: Decepción; desilusionado; desesperación; impotencia; desconfiado; falta de creencia en sí mismo; extremadamente consciente de sí mismo.

Nausea: Rechazar las realidades desagradables; lamento por la situación no deseable; miedo a que suceda algo malo.

Nefritis: Decepción; sentimientos de fracaso; injusticia de la vida.

Neumonía: Cansancio; desesperación; falta de apoyo; pena/pérdida reprimida; desconfiado; heridas del pasado sin resolver.

Nervios: Emociones/pensamientos reprimidos; no puede soltar el pasado; desconfiado; controlador.

Nerviosismo: Incapaz de comunicar sentimientos adecuadamente; miedo al futuro; ansiedad; pensamiento confuso.

Neuritis: Se irrita con facilidad; se le niega el poder por su estado irritable.

Neuropatía: No aceptado; se retira; desconfiado; niega las emociones; retiene y desconfía del amor.

Neurosis: Sobrecargado; presionado; no para; "no puede abandonar".

Nódulos: Frustración y resentimiento; necesidad de demostrar quién es; ego frágil.

Obesidad: El alimento es un sustituto del afecto; incapaz de expresar sentimientos; deseo de amor; autoprotección del cuerpo; se autosatisface; incapacidad para admitir deseos.

Obsesivo compulsivo: Teme que le ocurra algo malo; miedo a la enfermedad o la contaminación; miedo a dañar a sí mismo o a otros; perfeccionismo; no ser lo suficientemente bueno; no amado; no cuidado; abandono; heridas del pasado sin resolver por un hogar donde no había apoyo.

Oído (*oír se corresponde con la capacidad de entender*)

Oído (problemas de audición): Quiere que la gente oiga cosas a su manera; desesperación; negado o humillado; minado; enojo; conflicto adverso.

Oído (oído interno): Irritado; mala toma de decisiones; redirección en la vida.

Oído (zumbido): Trauma de ruido; abrumado por dentro; creencia interior de no ser lo suficientemente bueno.

Ojo seco: Incapacidad para expresar tristeza; emocionalmente distante o muerto; se aferra a percepciones incorrectas del pasado; incapaz de llorar.

Ojos (irritados): Presión excesiva; saturado de trabajo; fatiga; procesar asuntos profundos; conflicto con sentimientos internos.

Ojos (ojeras): Amargura; remordimiento/lamento; autocondenación; tristeza profundamente sembrada; insatisfacción; resentimiento/dolor.

Ojos (córnea): Heridas de hace mucho tiempo; privación en la infancia; las emociones que afloran en la conciencia.

Ojos (desprendimiento de retina): Criado en un hogar disfuncional, dominado por la negación; estándares familiares distorsionaron el sentido de la claridad.

Ojos (secos): Desconectado de los sentimientos; emocionalmente muerto por heridas del pasado.

Ojos (rosas): Indignación encolerizada; no puedes ver lo que ocurre a tu alrededor.

Ojos (lacrimosos): Incapacidad para expresar la pena interna; no puede ver la verdad; renuncia a entender lo que se ve; miedo al futuro; renuncia a ver la vida como es; la vida parece débil y desenfocada; no ser del mismo parecer que los demás; falta de perdón; incapacidad de ver la autoestima de uno mismo.

Órganos sexuales: Apático; separado.

Orzuelo: Incapaz de ver lo mejor en otras personas; enojo sin resolver.

Osteomielitis: No apoyado; frustración y enojo; sin energía; deseo de aprobación.

Osteoporosis: No apoyado; traicionado; fatigado; mermado; no amado; dificultad para sentir amor; necesidad de control.

Ovarios: Deseo de amor y respeto; no ser suficientemente buena; miedo al rechazo; deficiencia en el papel sexual; soledad; no apoyada; no apreciada; se cuestiona la identidad femenina; enojo.

Páncreas: Juzgado; culpa; baja autoestima; risa reprimida; falta de dignidad propia; traicionado; "el mundo me debe algo"; falta de gozo; rehúsa el gozo; egoísmo; rechazado; desalentado con la vida; enojo; resentido; crítico; rechaza a otros; amargura.

Parálisis: Abrumado con la responsabilidad; excesivamente cargado; deseo subconsciente de escapar; miedo al futuro; ineptitud; falta de autocontrol; infancia caótica; incapaz de cambiar las situaciones malas.

Parálisis (brazo izquierdo): Dificultad para recibir de otros; no aceptado.

Parálisis (brazo derecho): Dificultad para dar; ineficaz en la vida; resistencia a una terquedad no explicada; tensión de la mente.

Parálisis cerebral: Vida mental paralizada, hace todo bien; extremadamente responsable; culpa; rechazo; incapaz de soltar o perdonar.

Parálisis de Bell (parálisis facial): No dispuesto a expresarse; miedo a perder el autocontrol; crítico consigo mismo; enojo interno; criado en una familia invasiva y opresiva.

Parálisis muscular: Estancamiento; incapacidad de avanzar; pensamiento rígido; culpa; rechazo; falta de perdón; miedo; incertidumbre; inseguro; miedo de niño.

Paranoico: Miedo a confiar en otros; miedo a resultar herido; falta de perdón; miedo a que todos te hagan daño; miedo a la intimidad; heridas de personas importantes en el pasado; trauma del pasado sin resolver.

Parásitos: Abrumado; permitir que otros te controlen; miedo a la independencia; miedo al fracaso; desconfiado; nunca lo suficientemente bueno.

Parásitos intestinales: No merecedor o poco importante; ineptitud; no lo suficientemente bueno; rechazado; privado; creer que las expectativas de otros son irreales.

Paratiroides: Enojo; ansiedad; preocupación; resentimiento; miedo a hacer cosas.

Pecho: Desprotegido en las creencias y el centro de las emociones; desprotegido; temor no resuelto; falta de aprobación o amor hacia sí mismo; impotente; rechazado y herido en el amor.

Pechos: Tiene conflicto con la dignidad; niega la valía propia; tiene conflicto con la capacidad de nutrir.

Pelvis: Evita la conexión emocional/social/sexual; vergüenza; falta de confianza; ambiciones insatisfechas; criado en un hogar opresivo.

Pene: Le gusta el poder/dominar a otros; ansioso por el desempeño sexual; ignorado/devaluado por la familia; incapacidad para marcar una diferencia; necesita demostrar quién es.

Pensar rápido (mente acelerada): La mente no se detendrá; "me han quitado la vida"; estúpido, inepto; menos que; incapacidad para encajar; autocrítico; no puede pensar por sí mismo; necesita demostrar quién es.

Pérdida del cabello: No libre para ser tú mismo; no merecedor de la aceptación; sentir que no encajas y que no tienes valor.

Personalidad narcisista: Inflexible; malas habilidades sociales; abandono; preocupación dañina en cuanto a suplir las necesidades; miedo.

Piedras en la vesícula: Amargura y condenación; inflexible; no perdonador; orgulloso; se retira; depresivo; tristeza no resuelta.

Pie caído: Miedo de pasar a la acción, causar problemas o avanzar; demasiado conservador; miedo de traicionar los valores y creencias básicos.

Pie de atleta: No sentirse aceptado; miedo a no estar en forma; criado con amor condicional; no lo suficientemente bueno; atascado en un lugar; incapaz de avanzar; miedo al fracaso; autodesaprobación; agitado.

Piel: Inseguro; avergonzado; vergüenza; culpa; inferioridad; falta de paz y armonía; emociones perturbadoras; molesto; ansiedad; se irrita con facilidad; falta de perdón, crítico, no amado.

Piel (dermatitis): La gente/las situaciones le irritan fácilmente; irritación reprimida; enojo; temeroso; inseguridades crean emociones reprimidas; criado en una familia disfuncional crónica.

Piel (enfermedad): Irritación sin resolver; criticado; inseguro; le molestan las cosas triviales; impaciencia; aburrido; inquieto.

Piel (erupciones de la piel): Conflictos internos que reaparecen; las personas/situaciones le irritan fácilmente; frustrado; improductivo.

Pies: Miedo al futuro; miedo a avanzar en la vida; no entender muchos aspectos de la vida.

Pies (pies planos): Pocos límites; vulnerable; desprotegido; evita los compromisos; inseguro.

Piorrea: Enojo consigo mismo por la indecisión.

Pleuritis: Antagonismo y hostilidad.

Polio: Traicionado; sin apoyo; físicamente restringido; miedo a la escasez; criado en un hogar sin apoyo.

Pólipos: Emocionalmente atrapado en el pasado; rehúsa soltar la emoción del pasado; no puede avanzar; impasible; temeroso; inseguro; desconfiado.

Por debajo del peso apropiado: Preocupación; temeroso; desconfiado; tensión extrema.

Problemas cerebrales: Nerviosismo; ansiedad; falta de control; exhausto; excesivamente demandante; preocupación.

Problemas de circulación: Sobrecargado; insatisfacción laboral; atascado en el trabajo; tensión y desánimo; necesidad constante de demostrar quién es.

Problemas de colon: Dificultad para procesar/manejar asuntos; incapacidad de soltar; se aferra a heridas del pasado no resueltas; odio reprimido; cargado; problemas emocionales; tristeza reprimida y reacciones emocionales.

Problemas de la boca: Resiste el cambio; decepción y disgusto por no tener apoyo; incapaz de expresarse; mente cerrada; miedo a salir de la zona de comodidad; experiencias negativas.

Problemas del lado derecho del cuerpo: Lado masculino; impotencia; incapaz de ayudar a otros; incapaz de soltar.

Problemas del envejecimiento: Incapacidad para aceptar las circunstancias presentes; miedo al yo; sentimientos negativos no resueltos y de toda la vida.

Problemas del pie: Miedo al futuro; atascado; miedo de asumir riesgos; miedo de cometer errores; miedo de lo desconocido; sin apoyo; incapaz de "valerse por sí mismo"; cargado; mal fundamento/cimiento en la vida; evita el compromiso.

Problemas de audición (ver Oídos)

Problemas de corazón: Gozo desequilibrado; falta de emoción; falta de compasión; rechazo; resentimiento y/o dolor; desaprobación de otros; problemas familiares difíciles; rencor hacia otros y hacia sí mismo; resiste la responsabilidad; relación dolorosa.

Problemas de corazón (fibrilación): Soledad; aislamiento; apartado.

Problemas de corazón (soplo cardiaco): No amado; recepción ambivalente en el vientre.

Problemas de cuello: Bajo presión; desea soltar los sentimientos, pero no se atreve; estado de mente inflexible; no acepta/rechaza a otros; se irrita con los que son un "dolor de cuello"; reticente a ceder a las opiniones que cree que son erróneas.

Problemas de duodeno: Necesidades de dependencia no suplidas, soledad; descuidado; abrumado por la futilidad de la vida; criado en un hogar descuidado y de privación.

Problemas de espalda: Falta de apoyo emocional; dificultades emocionales; emocionalmente cargado; frustración; deseo de que la gente "me deje tranquilo".

Problemas de espalda (baja): No apoyado económicamente; preocupación por el dinero; deseo de desvincularse del compromiso; relación dolorosa; deseo de huir de una situación.

Problemas de espalda (media): Culpa; falta de autoapoyo y confianza.

Problemas de espalda (superior): No apoyado o cargado emocionalmente; frustración; retener el dar amor a otros; agitado o ansioso.

Problemas de eliminación: Resentimientos subconscientes; aferrarse a experiencias del pasado; no poder soltar las cosas; bloqueos y tensión acumulados.

Problemas de equilibrio: Desorientación en la vida; fuera de base; en riesgo y confundido en un mundo potencialmente peligroso; poco sentido de la dirección; cansado de las demandas y responsabilidades.

Problemas de esófago: Indecisión con respecto a si comer o no y qué comer; desconfianza; rechazo; problemas con la comida desde la infancia.

Problemas de estrógenos: Conflicto con la feminidad/identidad; rechazo; sentirse poco femenina; fácilmente influenciable.

Problemas de memoria: Someterse a la transformación; evitar/negar el trauma pasado; impotencia; deseo de olvidar el pasado.

Problemas de salud femeninos: Bloqueo emocional en cuanto a la sexualidad; equivocación en el papel sexual; miedo o culpa con respecto al sexo; se niega a "soltar" el pasado; rechaza la naturaleza femenina; emocionalmente bloqueada por la pareja.

Problemas de salud masculinos: Ineptitud para cumplir su papel sexual; rehúsa soltar; culpa por la infidelidad o promiscuidad; lleno de recuerdos desagradables de relaciones previas; insatisfecho en el amor.

Problemas de próstata: Conflicto con el sexo; enojo sin resolver; no puede soltar el pasado; miedo a envejecer; quiere abandonar; emociones reprimidas; irreflexivo; vacío; sexualmente enfocado; memoria perezosa; egoísmo.

Problemas de vejiga: Miedo; molesto; rígido; enojo; timidez; necesidad de aprobación; falta de control; ineficaz; ineficiente; cansado/agotado; sentimientos sexuales reprimidos; relaciones no armoniosas; identidad sexual no expresada; deseo de orden; excesivamente preocupado con asuntos de supervivencia (dinero, trabajo, salud); incapaz de soltar cosas que ya no son necesarias.

Problemas en el brazo: Dificultad para aferrarse a las experiencias de la vida; le cuesta captar las ideas; dificultad defendiendo las convicciones o percepciones de lo que se debería hacer; ansiedad/temor de dar un bajo rendimiento.

Problemas en la encía: Falta de gozo o realización; miedo al fracaso; pena; conflicto interno; indeciso; impotencia; vulnerable; insuficiente en la nutrición.

Problemas en la mano: Decepcionado por la falta de oportunidad; manipulado; culpa por los resultados/decisiones; ansiedad; miedo al fracaso; dificultad con los detalles de la vida; miedo a avanzar.

Problemas en la mano (artritis): Rigidez; perfeccionismo; controlador; extremadamente crítico consigo mismo y con otros; inflexible; emociones reprimidas que se reflejan en las manos.

Problemas en la mano (calambres): Conflicto con las habilidades; mal comunicador; dificultad con la comunicación verbal.

Problemas en la mano (izquierda): Dificultad para recibir; pasividad.

Problemas en la mano (derecha): Dificultad para dar; agresivo; miedo a nuevas ideas; falta de oportunidad; dificultad para avanzar.

Problemas en la mano (sudorosas): Miedo a cometer errores; incompetente; se siente un necio.

Problemas glandulares: Sentimientos inapropiados duraderos; emociones sin resolver han creado un desequilibrio total.

Problemas menstruales: Culpa; autorechazo; desaprobación; miedos al papel de mujer; no alegrarse de ser mujer.

Problemas respiratorios (ver también Pulmones): No amado; soledad; tristeza; no aceptado; indignidad; emociones reprimidas; pena; ambiciones no cumplidas.

Problemas sacroilíacos: En el lugar erróneo (trabajo, ciudad, relación, etc.); sexualidad reprimida/en conflicto; en riesgo; falta de dirección; atascado.

Problemas sanguíneos: Falta de gozo; pensamiento estancando; incapaz de ir con el fluir de la vida; miedo.

Problemas sanguíneos (plaquetas bajas): Extremadamente responsable; no saber ponerse límites o cuidarse.

Problemas suprarrenales: Sentirse víctima; derrotado; ambivalente; ansioso; mal uso de la voluntad; cree que la vida debe tener cargas; celos y temor no resueltos; la lucha es necesaria para el éxito, el poder o la posición.

Pulmones: Pena y pérdida sin resolver; tristeza; falta de aprobación; no ser apreciado; dolor a manos de un ser querido; la vida es monótona; falta de claridad de pensamiento; angustia; resiste el amor.

Pulmones (pleuresía): Resentimiento; codependencia; no amado; no apoyado.

Quistes: Pena de sí mismo, incapacidad para resolver sentimientos de dolor, autorechazo basado en la culpa, criado en una familia que culpaba y avergonzaba.

Rabia (ataques explosivos): Enojo; debe demostrar quién es, a él y a otros; no disponible emocionalmente; miedo a mostrar sus verdaderos sentimientos; no amado; crianza abusiva y estricta; no lo suficientemente bueno; desconfiado; incapaz de acercarse; herir a otros antes de que ellos le hieran; trauma pasado sin resolver.

Reflujo ácido: Temor al abandono; restrictivo; emociones reprimidas; temor al futuro.

Reumatismo: Resentimiento; deseo de venganza; victimizado; amargura; no se ama a sí mismo/otros; rechazado; no amado; resiste el cambio; rumia las cosas.

Resfriados: Sentimientos desagradables hacia los demás; confusión en el hogar y en la vida; creer en la enfermedad estacional.

Roble o hiedra venenosa: Falta de apoyo; indefenso; impotente; criado en un hogar restrictivo, opresivo.

Roncar: Descorazonado; demasiado responsable; culpado; no puede soltar.

Sangrado rectal: Enojo; frustración con respecto a la mayoría de las cosas en la vida.

Sarpullido: La gente/las cosas le irritan fácilmente; no puede avanzar en la vida; inseguro; inmaduro; acaparar la atención; culpa; vergüenza.

Sensibilidad al gluten: Extremadamente responsable desde la infancia; abrumado; dolor; tristeza; desesperación; rechazado de niño.

Sensibilidad a múltiples químicos: Miedo a la separación; soledad; vulnerable; desconfiado; dificultad para que otros se acerquen; emociones reprimidas; rígido; decepción; amargura; falta de perdón; necesidades no suplidas; falta de propósito y dirección.

SIDA: Indefenso; desesperado; despreocupado; indignidad; autonegación; ira profundamente arraigada.

Síndrome del colon irritable (SCI o colon espástico): Inseguro; abandonado; sin apoyo ahora o en el pasado; no puede soltar o fluir con la vida; necesita estar en control.

Síndrome de fatiga crónica: Desesperación; desolación; soledad; desalentado; impotente; le falta voluntad para vivir; baja autoestima.

Síndrome de las piernas inquietas: Deseo de estar en control; enojo; falta de control; impotencia; abrumado; emociones reprimidas.

Síndrome premenstrual (SPM): Cede el poder a otros; rechaza el aspecto femenino del yo; enojo y desesperación.

Sistema autoinmune: Reírse por fuera/llorar por dentro; no poder lidiar con la vida; responsable de males/cargas de otros; emociones duraderas acumuladas y reprimidas que le destruyen por dentro; profunda tristeza/desesperación.

Sistema endocrino: Desequilibrio; descontrolado; criado en una familia disfuncional caótica.

Sistema inmune: Abandonar; incapaz de preocuparse por otros; descontrolado; apático; perseguido; se siente vacío; excesivamente responsable desde la infancia.

Sistema linfático: Falta de entusiasmo; no aceptado; impasible; no amado; inepto; falta de motivación; dificultad para cuidar de sus propias necesidades; vergüenza, criado en un hogar basado en la vergüenza.

Sinus: Deseo de controlar/tomar decisiones por otros; rechazado; dominante/posesivo; se irrita con facilidad.

Sinus (sinusitis): Resentido; enojado con la gente cercana; insatisfacción con las acciones de otros.

Sobrepeso: Inseguro; autorechazo; autoprotección del cuerpo; deseo de amor y satisfacción; autosatisfacción; emociones reprimidas; sentimientos no expresados, mal percibidos o inapropiados.

Sordera: No querer oír lo que sucede; mala autoestima; deseo de aislarse; falta de amor propio; vive en su propio mundo pequeño.

Soriasis: Inseguridad emocional; no da cuentas de los sentimientos; heridas del pasado; miedo a ser herido; resignado a las circunstancias actuales.

Suicida: Incapaz de resolver problemas; pesimista con respecto al futuro; desanimado; ambivalente; "todos estarían mejor sin mí".

Tabique desviado: No meter la nariz en los asuntos de otros; inseguro de su papel en la vida; mente demasiado inquisitiva; con conflicto en la vida; miedo a mover la barca.

TDA, TDAH (ver Trastorno de déficit de atención)

Talón: Soledad; no amado; extremadamente responsable; sin apoyo; descompasado con la vida; merecedor de cosas malas.

Tartamudeo: No se atreve a defender las emociones; dificultad para expresarse; perfeccionismo; emocionalmente inseguro; quiere agradar a la gente; miedo a las figuras de autoridad.

Temblores: Temeroso; inseguro; temeroso de la incertidumbre; estancado; inmovilizado; falta de control, autoderrota; vida familiar impredecible/devastadora.

Temor a espacios cerrados (claustrofobia): Teme la falta de control; miedo de que sucedan cosas malas; no tiene control sobre la situación; demasiado emocional; trauma pasado sin resolver.

Temor al compromiso en la relación: Desánimo; negativa a acercarse demasiado; miedo a ser herido emocionalmente; abandono no resuelto, decepción o rechazo.

Tendencia a los accidentes: Estrés intenso; tensión y preocupación; resiste a la autoridad; indefenso; necesidad de autocastigo; incapaz de tomar una postura; insípido; miedo de estar en el lugar erróneo.

Tendones: Miedo a soltar; autorechazo; desconfiado; deseo de estar en control; incapaz de perdonarse; no puede avanzar.

Tensión arterial (alta): Presionado; amenazado; deprimido; resentido; inepto; emociones reprimidas; extremadamente autoconfiado; incapaz de relajarse.

Tensión arterial (baja): Derrotado; resentimiento; no sentirse amado; ansiedad; inseguro.

Testículos: Miedo a perder la masculinidad; excesivamente responsable de niño; impotencia; restringido, duda de sí mismo; le falta confianza.

TMJ (ver problemas de mandíbula)

Timo: Perseguido; se meten con él; "la vida es injusta"; desprotegido; no merecedor de cosas buenas.

Tinnitus: Rehúsa reconocer la voz interior; no escucha; pérdida de audición por un trauma; sufrió abuso verbal; emociones reprimidas.

Tiroides: Temeroso de autoexpresarse; frustración/ansiedad; falta de discernimiento; paranoia; pensamiento confuso; emociones reprimidas.

Tobillos: Miedo a caerse o fallar; inflexibilidad; inestable en las situaciones difíciles; dificultad para avanzar en la vida.

Tobillos (hinchados): Saturado de trabajo; atrapado; atascado; no puede abandonar; no puede encontrar alivio para las presiones de la vida.

Toses: Nerviosismo; obsesionado con pensamientos negativos; demasiado crítico; se molesta fácilmente; sensación de ahogo.

Tosferina: Emociones reprimidas; no amado; no apreciado; poco importante/indigno; avergonzado de sí mismo/opiniones; criado por padres perfeccionistas.

Trastorno alimenticio: Miedo a perder el control; malos sentimientos sobre uno mismo; necesidad de ser perfecto; percibirse feo; trauma del pasado sin resolver; no amado; descuidado; juzgado por otros; no ser lo suficientemente bueno; ver a los demás como demasiado controladores.

Trastorno cardiovascular: Agitado; impaciente; impulsado a competir y lograr; baja autoestima; quiere que las cosas avancen más rápido.

Trastorno degenerativo de las articulaciones (TDA; ver artritis).

Trastorno del apego: Problemas de abandono; miedo a ser herido; dificultades con la confianza; miedo a que la gente se vaya; miedo a estar solo; miedo a la pérdida; heridas del pasado de personas importantes; no cuidado; trauma del pasado no resuelto.

Trastorno de conversión: Inmadurez; resistencia a crecer; demandante; evita la responsabilidad o rendir cuentas; otros le tratan como a un niño.

Trastorno de déficit de atención (TDA; igual que "mente acelerada"): La mente no para; vida descontrolada; sentirse estúpido o "menos que"; dificultad para encajar; no sentirse bien consigo mismo; no se le permite pensar por sí mismo; debe demostrar quién es; la madre estaba ansiosa durante el embarazo, causándole un agotamiento de la glándula suprarrenal; trauma pasado, miedo y caos.

Trastorno de déficit de atención con hiperactividad TDAH (igual que TDA con la suma de estos síntomas): No puede desacelerar; miedo a perderse algo; no puede seguir el ritmo; confusión, nervios; miedo a que sucedan cosas malas; preocupado; ansioso por la hipervigilancia de traumas/caos pasados/presentes.

Trastorno de la personalidad: Impulsivo; inseguro; cambios de humor; dificultad para confiar y amar; dificultad con la intimidad; paranoia con lo que dice la gente; se molesta con facilidad; criado en un hogar inestable, descuidado, desconfiado, dañino y sin amor.

Trastorno disociativo de la identidad (personalidad múltiple): Desconfianza; temor a ser herido; nadie está seguro; en guardia; híper vigilancia; la vida da miedo y es impredecible; inseguro; se retira/no deja que otros se acerquen; distante; trauma pasado sin resolver.

Trastornos sanguíneos: Incapaz en algún área de la vida; enojo profundo; animadversión duradera; depresión intensa.

Trompas de Falopio (bloqueo): Tensión nerviosa de larga duración; temperamento muy nervioso; agitación; reacción excesiva.

Tuberculosis: Egoísmo; posesividad; cruel con otros.

Tumor cerebral: Conflicto mental profundo; aislamiento; confusión; desorientado; devastado por la vida; pesimista; terco sobre cambiar formas; rígido en perspectivas de la vida; criado en un entorno infantil estricto, rígido.

Tumores: Falso sentimiento de orgullo; enojo; resentimiento; reticente a aceptar la ayuda divina; dolores reprimidos; entendimiento espiritual y valores desequilibrados.

Tumores (falsos): Heridas reprimidas; remordimiento; odio; enojo; falsos valores; orgullo; no perdonado; resentimiento; distante de los padres.

Tumores y quistes fibroides: El ego ha sido dañado; heridas y/o culpa sin expresar/resolver; vergüenza; confusión interior; heridas del pasado; rechazo.

Úlcera oral: Negatividad no resuelta; saturado de trabajo; estrés emocional; dolor emocional; ansioso con los detalles.

Úlcera péptica: Indignidad; quiere agradar a la gente; no ser suficientemente bueno; enojo reprimido; miedo; nerviosismo; miedo al fracaso.

Úlceras: Preocupación por los detalles; las cosas no salen a su manera; ansiedad; temeroso; deseo de venganza; indefensión; impotencia; demasiado presionado.

Uñas de los dedos: Ansiedad; perfeccionismo; evita el cambio; desprotegido; indiferencia o apatía; criado en un hogar inestable.

Uñas de los dedos (morderse): Deseo de autodestrucción; resistente a la autoridad; analiza en exceso detalles diminutos.

Urticaria: Pequeños temores escondidos; miedo que resurge; maltratado; incapacidad para ver las cosas con la perspectiva correcta; enojo; irritado con la conducta inflexible de otros; incapacidad para hablar por sí mismo.

Útero: Sentimientos hacia la madre sin resolver; sentimientos negativos hacia la creatividad.

Vagina: Culpa sexual; autorechazo; pérdida; no ser lo suficientemente bueno; miedo al sexo/vulnerabilidad; criado en un hogar crítico.

Válvula ileocecal: Rígido; autodestructivo; no puede soltar el pasado; amargura; criado en un hogar autoritario.

Varices: Tensión; deseo de huir; desanimado; excesivamente cargado; negativo; resistente a la verdad.

Vasos linfáticos: Falta de paz; falta de gozo; resentido; odio o enojo; criado en un hogar con falta de amor y apoyo.

Verruga plantar: Frustración con el presente/futuro; enojo; falta de confianza; desconfiado.

Vértigo: Dificultad para cambiar la conducta negativa; presiones agobiantes; falta de gozo; incapacidad para lidiar con realidades difíciles; inseguro; fuertes demandas.

Verrugas: Incapacidad para reconocer las cosas buenas de la vida; culpa; autorechazo; no amado; no lo suficientemente bueno.

Vesícula: Resentimiento; descaro; terquedad; desamparo; incapaz; depresivo; amargado; enojo; deseo de forzar la voluntad.

Viruela: Rabia por las restricciones; resentido con las reglas; autocrítico.

Virus de Epstein-Barr: Uso insatisfecho de los dones; desesperación y rabia; enfermedad mental y emocional; controlado por otros; ningún sentido de propósito y dirección; autorechazo.

Visión borrosa: Dificultad para aceptar lo que ven los ojos; dificultad para enfocarse; criado en una familia disfuncional desmoralizante; no aceptar las realidades.

Vista cansada: Enojo reprimido; enfocado en lo externo en la vida.

Vómitos: Rechaza las realidades desagradables; disgustado.

REFERENCIAS

Las referencias para esta sección están tomadas de los años de observación clínica de Craig. Nuestro agradecimiento por los permisos otorgados: y con el agradecido permiso de:

Truman, Karol K., *Feelings Buried Alive Never Die...* (St. George, UT: Olympus Distributing, 1991), pp. 220–264.

American Psychiatric Association, *Diagnostic Statistical Manual of Mental Disorders*, 5th Edition: DSM-5 (Washington, DC: American Psychiatric Publishing, 2016).

Clark, Randy y Miller, Craig, *Finding Victory When Healing Doesn't Happen* (Mechanicsburg, PA: Apostolic Network of Global Awakening, 2015), pp. 143–181.

APÉNDICE

PASOS PARA "ORACIONES DE SANIDAD": UNIÓN DE LOS PASOS

CUÁNDO USAR CADA PASO DE ORACIÓN

ORACIONES PARA LA SANIDAD INICIAL:

Paso I: Oración para sanidad (usar en cualquier momento para cualquier necesidad de sanidad).

ORACIONES PARA REVELAR Y LIBERAR EMOCIONES, RECUERDOS Y OTROS ASUNTOS:

Paso II: Oraciones para soltar traumas del alma (usar cuando la sanidad no se produzca).

Paso III: Soltar al ofensor y la falsa responsabilidad (usar después del Paso II).

Paso IV: Determinar la terminación del recuerdo de sanidad (usar después del Paso II y III, para medir si la sanidad interior está completa antes de terminar la sesión o pasar a otro recuerdo).

Paso V: "Abrazo de amor" para soltar el trauma (usar simultáneamente con cualquiera de los otros pasos, especialmente con el Paso II, u oraciones para liberar emociones y recuerdos reprimidos).

ORACIONES PARA LA RESTAURACIÓN DEL ESPÍRITU, ALMA Y CUERPO:

Paso V: El "abrazo de amor" (usar después de terminar el Paso II para recibir una mayor revelación, una integración mayor de la mente y el cuerpo, y un mayor sentimiento del amor y consuelo de Dios).

1. "Abrazo de amor" para liberar el trauma.
2. "Abrazo de amor" para consuelo y revelación.
3. "Abrazo de amor" para restaurar la conexión mente-cuerpo

Paso VI: Oraciones de sanidad adicionales.

(Puedes fotocopiar los pasos para usarlos cuando sean necesarios).

PARA CUALQUIER NECESIDAD DE SANIDAD:

PASO I. ORACIÓN POR SANIDAD

1. *Pregunta*: ¿Cómo te llamas? ¿Por qué motivo necesitas oración?
2. *Pregunta*: ¿Cuál es la cantidad (nivel de intensidad) en la que sientes el problema en tu mente/cuerpo? (Usa una escala de dolor de 0 a 10, donde 0 es la ausencia de dolor y 10 es un dolor intenso).
3. *Ordena*: a las emociones, el dolor y el problema físico que se vaya, en el nombre de Jesús.
4. *Pregunta*: ¿Cuál es la cantidad (nivel de intensidad) en la que sientes el problema ahora en tu mente/cuerpo? (Usa la misma escala 0 a 10).
5. *Alaba* a Dios si se ha producido alguna sanidad. Repite los pasos 1 al 5 para más sanidad.
6. *Instruye*: Enseña a la persona cómo creer en la sanidad enfocándose en la Palabra de Dios, no en su dolor o problema. Anímale a entregarle a Jesús su herida.

Si la sanidad no se produce: continúa con el Paso II

PASO II: ORACIONES PARA LIBERAR EL TRAUMA

1. *Pregunta*: "¿Cuándo recuerdas haber experimentado por primera vez este problema o sentimiento?".

1a. Si el recuerdo/razón del problema es *conocido…*

Pide: "Describe qué sucedió y cómo te sentiste". Procede al n°2.

1b. Si el recuerdo/razón del problema es *desconocido…*

Pide/Ora: "Describe tus sentimientos al vivir con este problema". Ora para que vengan a su mente recuerdos tempranos que produjeron sentimientos similares. Procede al n°2.

© Craig Miller 2018 (www.insightsfromtheheart.com)

2. *Pide:* "Pensando en los recuerdos del pasado, evalúa la cantidad de dolor en el que sientes el problema en tu mente/cuerpo". (Escala de 0 a 10)

3. *Instruye:* "Imagínate a Jesús (u otra persona de confianza) en ese recuerdo de pie entre tú y la persona/situación ofensiva protegiéndote/abrazándote (ver Paso V: "Abrazo de amor") o abrazándote tú mismo dentro de una burbuja de protección, si no tienes una persona de confianza".

4. *Ora:* "En el nombre de Jesús, maldice el trauma de recuerdo celular, emocional, físico, ocular, auditivo (Opción: entregar la ofensa a la persona de confianza)".

5. *Ora:* Declara sanidad en el corazón/mente/cuerpo, en el nombre de Jesús.

6. *Pide:* "Evalúa la cantidad de dolor en tu mente/cuerpo ahora". (Escala de dolor de 0 a 10).

7. *Alaba* a Dios por cualquier sanidad o sanidad esperada.

8. **Si no se produce la sanidad:** *amplía tu búsqueda* a traumas anteriores y repite del 1 al 8, con la opción de usar el Paso V ("Abrazo de amor" y "Palmadita de amor").

Si se produce la sanidad: opción de continuar con el Paso III y Paso IV.

9. *Instruye:* Enseña a la persona cómo creer en la sanidad enfocándose en la Palabra de Dios, no en su problema. Anímale a entregarle a Jesús toda su herida.

PASO III. LIBERAR AL OFENSOR Y LA FALSA RESPONSABILIDAD

1. *Instruye:* el ministro de oración dirá a la persona afligida: "Imagínate a Jesús (u otra persona de confianza) estando de pie entre tú y el ofensor/situación. Con Jesús (o cualquier persona de confianza) protegiéndote, di estas palabras en voz alta, como si le estuvieras hablando al ofensor".

+ No me gustó lo que me hiciste.

© Craig Miller 2018 (www.insightsfromtheheart.com)

- Lo que me hiciste fue injusto.
- Me hiciste sentir (dolor, tristeza, enojo, indefensión, etc.).
- Me doy cuenta de que ahora tengo opciones.
- Decido darle a Jesús mis sentimientos de dolor.
- No es mi responsabilidad seguir cargando con estos sentimientos.
- Decido no permitir que estos sentimientos tengan más autoridad sobre mí.
- Decido darle lo que me hiciste a Jesús; ya no tienes más autoridad sobre mis sentimientos.
- Decido perdonarte, así que ya no tienes más control sobre mi vida.
- Me arrepiento por haber tomado cualquier falsa responsabilidad por esta situación.
- Decido soltar el intentar arreglarte a ti o a la situación.
- Me doy cuenta de que no supiste cómo amarme, lo cual no es culpa mía.
- Padre celestial, decido ahora recibir de ti el amor.
- Padre celestial, llena mi corazón de tu amor de una forma en la que mis padres no pudieron.
- Gracias Jesús por mi libertad y mi sanidad.

PASO IV: DETERMINA LA TERMINACIÓN DE LA SANIDAD DEL RECUERDO

Este paso es útil para determinar si la emoción dañina se ha soltado del todo, o si un recuerdo traumático del pasado está completamente sanado, antes de dejar la ministración o avanzar para tratar con otro recuerdo.

1. Después de la sanidad de cada recuerdo del pasado, haz que la persona se imagine una versión más joven de sí misma en ese recuerdo.

© Craig Miller 2018 (www.insightsfromtheheart.com)

2. El ministro de oración debería preguntar: "Ahora que sientes que ese recuerdo está sanado, cuando piensas en la imagen anterior de ti en ese recuerdo, ¿qué ves en tu rostro? ¿Una sonrisa, un ceño fruncido o una mirada plana?".

2a. **Si es una sonrisa,** pregunta a la persona: "Cuando piensas en ti en ese recuerdo pasado, ¿crees que esta frase es verdadera o falsa: 'La situación se ha terminado y ahora me siento seguro en ese recuerdo'?".

Si dice que la frase es verdadera, pídele que dé gracias a Jesús por su sanidad. Esta sesión se puede terminar aquí o puedes continuar con otro recuerdo.

Si dice que la frase es falsa, continúa con el n°3 abajo.

2b. **Si es un ceño fruncido o una mirada plana,** pregúntale qué sigue sintiendo en ese recuerdo. Continúa con el paso n°3 abajo.

3. Repite del 1 al 7 del Paso II: "Oraciones para liberar trauma" simultáneamente con el Paso V: "Abrazo de amor para liberar el trauma".

4. Después de orar y que el trauma esté considerado, sanado o haya disminuido, repite los pasos 1 al 3 de arriba hasta que la persona se imagine a sí misma con una sonrisa y se sienta segura en ese recuerdo del pasado.

Si la persona aún no puede imaginarse con una sonrisa después de varias oraciones, *amplía tu búsqueda* a un recuerdo anterior que tenga sentimientos similares, después repite los pasos 1 al 3 de esta sección.

PASO V: EL "ABRAZO DE AMOR"—TRES MÉTODOS PARA LA LIBERACIÓN Y RESTAURACIÓN DEL ALMA/ESPÍRITU

1. **"Abrazo de amor para liberar el trauma"**

Instrucciones: usa el "Abrazo de amor" (y la "Palmadita de amor") cuando la persona se sienta atascada, entumecida, en

© Craig Miller 2018 (www.insightsfromtheheart.com)

blanco, confundida, incapaz de identificar emociones/recuerdos/pensamientos, incapaz de sentir amor de otros o de Dios, o tenga pensamientos y sentimientos negativos en general.

El ministro de oración puede demostrar la técnica a la persona aquejada mientras dice:

1. "Puedes hacer el 'Abrazo de amor' cruzando tus brazos sobre tu pecho, descansando tus manos sobre tus brazos o bíceps, mientras piensas en Jesús (u otra persona de confianza) dándote un abrazo".

2. "Continúa con la 'Palmadita de amor' dándote palmaditas suaves con una mano y después la otra sobre tus brazos o bíceps, mientras piensas que Jesús (u otra persona de confianza) te está dando una 'Palmadita de amor', para que sepas lo mucho que te ama. Alternarás cada mano al palmear los brazos, por ejemplo, derecha, izquierda, derecha, izquierda. Con suavidad, da las palmaditas al doble de la velocidad del latir de tu corazón cuando está relajado". (O el ministro de oración puede poner una mano en cada hombro y dar una "Palmadita de amor" suave).

Opción de decir: "Esta 'Palmadita de amor' promueve de forma natural las mismas funciones biológicas creadas por Dios para ayudar a tu mente a ordenar y liberar las emociones y los recuerdos no deseados o bloqueados. Fomentará un sentimiento de liberación, calma y sanidad en tu mente y tu cuerpo".

2. **"Abrazo de amor de consuelo y revelación"**

Instrucciones: usa este "Abrazo de amor" (y "Palmadita de amor") después de soltar el trauma para crear paz, calma, confianza, sentimiento de amor, revelación, guía, dirección y reafirmación de Dios.

El ministro de oración puede demostrar esta técnica a la persona afligida mientras dice:

1. "Puedes hacer el 'Abrazo de amor' cruzando tus brazos sobre tu pecho, descansando tus manos sobre tus brazos o bíceps, mientras piensas en Jesús (u otra persona de confianza) dándote un abrazo".

2. "Continúa con la 'Palmadita de amor', dándote palmaditas suaves con una mano y después la otra sobre tus brazos o bíceps mientras piensas que Jesús (u otra persona de confianza) te está dando una 'Palmadita de amor', para que sepas lo mucho que te ama. Alternarás cada mano al palmear tus brazos, por ejemplo, derecha, izquierda, derecha, izquierda. Con suavidad, da las palmaditas al doble de la velocidad del latir de tu corazón cuando está relajado". (O el ministro de oración puede poner una mano en cada hombro y dar una "Palmadita de amor" suave).

Opción de decir: "Esta 'Palmadita de amor' promueve de forma natural las mismas funciones biológicas creadas por Dios para ayudar a tu mente a recibir un sentimiento de paz, confianza, amor, revelación, dirección y reafirmación".

3. "Abrazo de amor para restaurar la conexión mente-cuerpo"

Instrucciones: usa este "Abrazo de amor" (y "Palmadita de amor") para promover la integración mente-cuerpo y la sanidad de los problemas asociados con el cierre mental/emocional y la desconexión mente/cuerpo/espíritu.

El ministro de oración puede demostrar esta técnica a la persona afligida mientras dice:

1. "Puedes hacer el 'Abrazo de amor' cruzando tus brazos sobre tu pecho, descansando tus manos sobre tus brazos o bíceps, mientras piensas en Jesús (u otra persona de confianza) dándote un abrazo".

2. "Continúa con la 'Palmadita de amor', dándote palmaditas suaves con una mano y después la otra sobre tus brazos o

© Craig Miller 2018 (www.insightsfromtheheart.com)

bíceps mientras piensas que Jesús (u otra persona de confianza) te está dando una 'Palmadita de amor', para que sepas lo mucho que te ama. Alternarás cada mano al palmear tus brazos, por ejemplo, derecha, izquierda, derecha, izquierda. Con suavidad, da las palmaditas a la velocidad del latir de tu corazón cuando está relajado". (O el ministro de oración puede poner una mano en cada hombro y dar una "Palmadita de amor" suave).

Opción de decir: "Esta 'Palmadita de amor' promueve de forma natural las mismas funciones biológicas creadas por Dios para ayudar a la posible integración de ambos lados del cerebro para la conexión, integración y sanidad de mente-cuerpo".

ORACIONES PARA RESTAURAR LA CONEXIÓN DE MENTE-CUERPO

Esta es una sugerencia de oración que se puede modificar para ajustarla al problema o la circunstancia. Haz que la persona afligida repita esta oración:

En el nombre de Jesús, maldigo el problema de _____ que ha dañado mi mente. Me perdono por mi parte en la herida, y perdono a cualquier otra persona responsable de mi herida. Me arrepiento por recibir y aceptar cualquier parte de este problema o diagnóstico. Maldigo cualquier trauma emocional, físico o de memoria celular, así como todo síntoma y complicaciones asociadas con esta herida.

El ministro de oración debe orar:

En el nombre de Jesús, maldigo la desconexión entre la mente y el cuerpo de (nombre de la persona afligida), y cualquier disfunción emocional, mental, médica o física que esté causando esta desunión. En el nombre de Jesús, ordeno a las frecuencias eléctricas, químicas, magnéticas,

© Craig Miller 2018 (www.insightsfromtheheart.com)

hormonales y neurológicas de cada célula de la mente y del cuerpo que entren en armonía y equilibrio. En el nombre de Jesús, ordeno a la mente y el cuerpo de (nombre de la persona afligida) que sean sanados, integrados y unidos para funcionar como Dios quiere. En el nombre de Jesús, declaro que (nombre de la persona afligida) recibe el espíritu de vida, luz, amor y paz de Dios. Oro para que la sangre de Jesús traiga sanidad y bienestar a su mente y su cuerpo. Gracias, Jesús, por la sanidad.

VI. ORACIONES ADICIONALES

ADD/ADHD, BIPOLAR, DISLEXIA, Y OTROS PROBLEMAS ORIGINADOS ANTES DE NACER

Instrucciones: pide a la persona afligida que cierre los ojos y, en una escala de 0 a 10, evalúe cuánto siente que su mente está triste, agitada, acelerada, abrumada o desequilibrada. (0 es una salud total, 10 es una aflicción extrema).

Pide a la persona que ponga las manos en su estómago.

Pídele que se imagine en el vientre, con Jesús poniendo su mano sobre ella. El ministro de oración puede poner una mano sobre la cabeza de la persona y en la parte baja de la espalda. (Siempre pide permiso antes de iniciar el contacto).

Pide a la persona afligida que repita después de ti:

En el nombre de Jesús, maldigo el problema de _____ que me ha llegado a través del vientre de mi madre de generaciones anteriores. Perdono a mi madre, a mi padre y a las generaciones anteriores por transmitirme el problema de _____. Renuncio a esta enfermedad y no le doy permiso o autoridad para seguir siendo parte de mi vida. Me arrepiento por recibir y aceptar parte alguna de este problema o el diagnóstico que me dieron. En el nombre de Jesús, maldigo cualquier

© Craig Miller 2018 (www.insightsfromtheheart.com)

síntoma o complicaciones asociadas con este diagnóstico. Acepto a Jesús en mi corazón y recibo tu Espíritu de vida, amor, paz, bienestar y restauración de mi mente y cuerpo. Gracias, Jesús, por mi sanidad.

Esta sencilla oración la puede repetir un niño, o un adulto en cualquier momento:

> Perdono a mamá y a papá por cualquier problema que me hayan transmitido que no sea de Dios. No acepto este problema en mi mente o mi cuerpo. Gracias, Dios, por restaurar mi salud, como en el cielo.

Después, el ministro de oración puede hacer esta oración por la persona afligida:

> En el nombre de Jesús, renuncio al problema de _____ y no le doy más autoridad. En el nombre de Jesús, maldigo cualquier trauma del útero y ordeno a las frecuencias eléctricas, químicas, magnéticas, hormonales y neurológicas de cada célula de la mente y del cuerpo que se alineen y equilibren, con la adecuada integración y polaridad, como en el cielo. En el nombre de Jesús, declaro paz y un sano funcionamiento de la mente y del cuerpo. Gracias, Jesús, por tu sanidad.

Pide a la persona afligida que cierre los ojos y, en una escala de 0 a 10 evalúe en qué cantidad siente que su mente está triste, agitada, acelerada, abrumada o desequilibrada. (0 es una salud completa, 10 es una aflicción extrema). A medida que disminuye el número, repite los números 1 al 6 de arriba hasta que la mente sienta que está en 0, o lo más cerca posible.

Si el número no disminuye o la mente tiene una mejora mínima, continúa liberando síntomas de traumas pasados con lo siguiente:

© Craig Miller 2018 (www.insightsfromtheheart.com)

Pide a la persona afligida que te dé más información sobre cualquier trauma, herida, preocupación o carga extrema que tuviera o que esté experimentando en este momento. Ora usando el Paso II de los "Pasos para la Oración de Sanidad".

Después de la "Oración de Sanidad", pide a la persona afligida que cierre sus ojos y evalúe, en una escala de 0 a 10 (10 es lo peor), cuánto siente que su mente está triste, agitada, acelerada, abrumada o desequilibrada. A medida que disminuye el número, repite los números 1 al 6 antes mencionados hasta que evalúe que su mente está en 0, o lo más cerca posible.

CÁNCER U OTRAS ENFERMEDADES (LA PERSONA AFLIGIDA PUEDE LEER O REPETIR DESPUÉS DEL MINISTRO DE ORACIÓN):

En el nombre de Jesús, maldigo el diagnóstico que recibí, y echo fuera la semilla, espíritu y raíz de (nombre de la enfermedad). Maldigo cualquier espíritu o raíz generacional que haya traído esta enfermedad. Me arrepiento por aceptar este diagnóstico y perdono a los profesionales de la salud por darme el diagnóstico.

Perdono a mis padres y a las generaciones antes de ellos por cualquier participación en esta enfermedad. En el nombre de Jesús, maldigo el espíritu de muerte, temor, rechazo, abandono y cualquier otro trauma emocional y físico del pasado y del presente que haya contribuido a esta enfermedad.

En el nombre de Jesús, ordeno a todos los órganos, huesos y tejidos afectados por esta enfermedad que sean restaurados a un funcionamiento sano, y ordeno a las frecuencias eléctricas, químicas, magnéticas, hormonales y neurológicas de cada célula de la mente y del cuerpo que entren en armonía y equilibrio. En el nombre de Jesús, maldigo las células priones enfermizas en el cuerpo y declaro que las células sanas sean restauradas a su

© Craig Miller 2018 (www.insightsfromtheheart.com)

funcionamiento normal en todas las áreas afectadas. En el nombre de Jesús, declaro sobre mi cuerpo y mi mente el Espíritu de vida, amor, aceptación, paz, la luz de Dios y la plena restauración de mi mente y mi cuerpo para que funcionen normalmente, mientras vivo creyendo que soy sanado. Gracias, Jesús, por mi sanidad.

BENDICIÓN DEL PADRE CELESTIAL

El ministro de oración puede poner la mano sobre la cabeza de la persona afligida y hacer esta oración. Esta oración se puede modificar para ajustarla a cualquier enfermedad o circunstancia.

Tu Padre celestial quiere decirte: "Te veo y estoy muy orgulloso de ti. Te tengo en un alto concepto, siempre creeré en ti, y siempre te amaré, al margen de lo que hayas hecho, porque eso es lo que realmente siento por ti. No te condeno. Quiero poner mi favor sobre tu vida y devolverte lo que has perdido. Declaro grandes bendiciones sobre ti y anticipo verte crecer y tener éxito en la vida. Quiero que confíes en mí y que busques de mí la guía y el amor que quiero darte. Te amo. Yo soy tu Papá celestial".

ORACIÓN DE GUERRA ESPIRITUAL

El ministro de oración puede hacer esta oración si alguien ve o siente una repentina oscuridad, un temor inusual, sombras, el movimiento de objetos o conductas extrañamente intensas con la persona afligida.

En la autoridad que tengo en Jesús, ordeno a este espíritu de _____ que sea atado y echado fuera. Imploro la sangre de Jesús sobre (nombre de la persona afligida), y en el nombre de Jesús, declaro paz en su mente y en su cuerpo. Gracias, Jesús, por tu protección.

© Craig Miller 2018 (www.insightsfromtheheart.com)

ORACIÓN DE CUIDADO PERSONAL USANDO EL ABRAZO-PALMADITA DE AMOR

(Versión condensada y actualizada del capítulo 10, Paso II)

1. Mientras te sientas en un lugar privado, piensa en la primera vez que recuerdas haber experimentado tu problema físico o emocional.

1a. Si la razón del problema/sensación es CONOCIDA: piensa en tus sentimientos al vivir con ese problema y ora para recordar memorias tempranas con los mismos sentimientos (ve al nº 2 a continuación).

1b. Si la razón del problema/sensación NO ES CONOCIDA: piensa en tus sentimientos al vivir con el problema y ora para recordar memorias tempranas con los mismos sentimientos (ve al nº2 a continuación).

2. Evalúa la cantidad de emoción/dolor que sientes con tu problema en el recuerdo del pasado. (De 0 lo más bajo a 10 lo más alto).

3. Piensa en una persona de confianza que te haya aportado consuelo (cualquiera de tu pasado o presente, por ej., abuelo o Jesús).

- Imagínate a la persona de confianza (o tú estando dentro de una burbuja, si no tienes ninguna persona de confianza) protegiéndote de la situación dañina usando el "Abrazo de amor" (date un "Abrazo de amor" cruzando los brazos sobre tu pecho, ver página 99 para más detalles]

- Después, imagínate a la persona de confianza o a ti mismo dándote "Palmaditas de amor" [da una palmadita repetidamente con una mano y después la otra sobre tus brazos, ver página 101]

Liberación visual opcional: mientras ves el evento doloroso, mantén la cabeza erguida mientras mueves lentamente los ojos a la izquierda y después a la derecha, para determinar en qué lado ves y sientes el evento doloroso con más intensidad. Mientras usas la

© Craig Miller 2018 (www.insightsfromtheheart.com)

"Palmadita de amor", sigue mirando hacia el lado intenso mientras haces el resto de la oración.

4. Mientras usas el "Abrazo de amor" y la "Palmadita de amor", suelta los sentimientos emocionales, físicos, visuales y auditivos (o bien con la persona de confianza o solo), mientras dices, por ejemplo: Suelto este dolor y sentimiento de _____.

+ Sigue usando la "Palmadita de amor" para soltar los pensamientos y sentimientos hasta que sientas o te visualices que estás más seguro y que la emoción/dolor disminuye.

5. Declara sanidad en tu corazón, mente y cuerpo en el nombre de Jesús.

6. Evalúa la cantidad de emoción/dolor que sientes con tu problema (0 a 10).

7. Alaba a Dios por cualquier sanidad que hayas tenido. Repite del 1 al 7 según necesites.

NOTAS ÚTILES:

+ Incluso aunque no puedas sentir realmente la emoción del pasado, continúa usando la "Palmadita de amor" mientras te imaginas cuáles habrían sido los sentimientos al haber estado en esa situación dolorosa.

+ Cualquier imagen, pensamiento o emoción negativa que venga a tu mente, dila en voz alta como si la estuvieras expulsando.

+ Si no puedes pensar en una persona de confianza, imagínate a ti mismo en una burbuja de protección, donde puedes ver la situación dolorosa fuera de la burbuja, pero no te puede tocar.

+ Si los sentimientos empeoran, abre los ojos mientras sigues usando la "Palmadita de amor", diciendo en voz alta lo que sientes.

© Craig Miller 2018 (www.insightsfromtheheart.com)

ACERCA DEL AUTOR

CRAIG MILLER ha ministrado y aconsejado en entornos eclesiales, médicos y de salud mental desde 1980. Es terapeuta cristiano licenciado y cofundador de *Masterpeace Counseling* en Tecumseh, Michigan. Tiene una maestría en trabajo social de la Universidad de Michigan y una maestría en administración de servicios de salud de la Universidad de Detroit. Ha trabajado como ministro laico y como director de trabajo social para el hospital Herrick en Tecumseh.

Experimentar su propia sanidad física milagrosa aumentó la pasión de Craig de ayudar a personas a recibir sanidad y restauración mediante la enseñanza, la impartición y la ministración del amor y el poder sanador de Jesús. Craig ministra al espíritu y al alma (mente, voluntad y emociones) para que Dios identifique las raíces que bloquean la sanidad de problemas físicos o emocionales. También enseña y ministra a través de la televisión y programas de radio, hablando en conferencias nacionales de sanidad, reuniones de sanidad, y mediante sus otros libros: *When Feelings Don't Come Easy*, *When Your Mate Is Emotionally Unavailable*, *Declaring Your Worth*, and *Finding Victory When Healing Doesn't Happen*, el cual escribió en colaboración con Randy Clark.

Para más información sobre Craig, visita
www.insightsfromtheheart.com

www.ingramcontent.com/pod-product-compliance
Lightning Source LLC
LaVergne TN
LVHW051553070426
835507LV00021B/2559